Kirstine Fratz

Das Buch vom Zeitgeist

W0198279

www.fontis-verlag.com

Für Oleanda

Kirstine Fratz

Das Buch vom Zeitgeist

Und wie er uns vorantreibt

'fontis
BRUNNEN BASEL

**Bibliografische Information
der Deutschen Nationalbibliothek**
Die Deutsche Nationalbibliothek verzeichnet diese Publikation in
der Deutschen Nationalbibliografie; detaillierte bibliografische
Daten sind im Internet über www.dnb.de abrufbar.

© 2017 by Fontis – Brunnen Basel

Umschlag: Spoon Design, Olaf Johannson, Langgöns
Foto Umschlag: koya979/Shutterstock.com
Satz: InnoSet AG, Justin Messmer, Basel
Druck: Finidr
Gedruckt in der Tschechischen Republik

ISBN 978-3-03848-127-0

«Wer sich mit dem Zeitgeist verheiratet,
ist morgen verwitwet.»

Otto von Habsburg

Inhalt

Vorwort
von Dr. Dominik Klenk

Aus Ideen werden Trends, aus Denkfiguren formen sich Lebensentwürfe, aus bewährter Praxis erwächst Kultur. Aber wer gibt ihnen Farbe und Form, wer verschafft ihnen Dynamik und Gewicht? Und wer macht sie wirksam in unserem eigenen Leben? Seit etwa 300 Jahren spricht man vom *Zeitgeist* als einer formgebenden Kraft, die hochwirksam, aber deren Substanz schwer zu fassen ist.

Mit dem Anbruch der Aufklärung bekam auch der Zeitgeist mächtig Wind unter die Flügel. Durch den «Ausgang des Menschen aus seiner selbstverschuldeten Unmündigkeit» (Immanuel Kant) sollte jetzt etwas Neues anbrechen, etwas Erleuchtendes. Nicht mehr glaubensblind, sondern wissenschaftsbelegt sollte das neue Denken sein. Das hat einen sagenhaften Entwicklungsschub gebracht. Technische Neuerungen und Innovationen ohnegleichen haben gewaltige Kräfte freigesetzt und neue Optionen eröffnet.

Die Sehnsucht nach einem gelingenden Leben haben sie nicht gestillt. An ihr aber setzt er immer wieder an, der Geist der Zeit: Denn Freiheit wollen wir haben, Frieden und Fülle. Den Himmel auf Erden. Das ganze Paket der Verheißungen.

Und zwar jetzt. Als könnte man das Glück machen. Damit verführt er uns immer wieder aufs Neue, der Zeitgeist, dieser vielverheißende Kreislauf zwischen Mangel und Begehren.

Kirstine Fratz legt hier ein Logbuch vor. Genau genommen eine bemerkenswerte Anleitung zum Navigieren in den Stürmen der Zeit. Und da ist es wie beim Segeln: Um voranzukommen, müssen wir nicht gegen den Wind, sondern mit ihm segeln. Wer den Kurs halten oder sogar gegen den Wind vorankommen will, muss immer wieder klug kreuzen und auf Strömungen achten. Die Autorin zeigt, wie sich der Zeitgeist in unser Lebens-Segel spannen lässt, so dass seine Wucht uns nach vorne trägt. Sie entfaltet auf den folgenden Seiten eine kleine Kulturgeschichte, die nicht nur wind- und wettertauglich, sondern auch rausch-erprobt ist. Mit Mut und Mündigkeit können wir auch in bewegten Zeiten unser Boot steuern.

Das Buch vom Zeitgeist ist eine Lektüre für Unternehmer und Beweger, für engagierte Reformer und künftige Game-Changer, für Babysitter und Trendsetter. Oder für Menschen wie Sie und mich. Kirstine Fratz beobachtet scharf und lehrt jeden, genau hinzusehen: Ob wir nun meinen, abgeklärt über den Zeitgeist, erhaben über ihn oder ihm hoffnungslos ausgeliefert zu sein. Sie überzeugt mit analytischer Brillanz, fundierter Sachkenntnis und einer verblüffenden visionären Klarsicht, und sie unterhält mit Esprit, Humor und dem nötigen Schuss Selbstironie.

Was hat Anti-Aging mit Vampirismus zu tun? Mit welchen Versprechen bringen Männer heute Frauen an ihre Seite? Wieso lässt uns der Blick auf die alltägliche Realität eher kalt, während uns die Aussicht auf Neues in ein «Fieber» versetzt? Was ebnet den Weg zum Erfolg – Achtsamkeit oder Selbstoptimierung? Mit diesen und ähnlichen Fragen peitscht der Zeitgeist die Emotionen in unserer Gesellschaft auf. Und mitten durch die Stürme und Strudel navigieren wir in der Hoffnung auf ein gelingendes Leben.

Dr. Dominik Klenk

Prolog:
Der Zeitgeist und die Liebe

Als ich sechzehn Jahre alt war, las ich den Roman «Das Bildnis des Dorian Gray» von Oscar Wilde. Darin geht es um die Geschichte eines jungen, schönen Mannes, der die Gelegenheit hat, alle erdenklichen Angebote seiner Zeit für ein gelungenes Leben wahrzunehmen. Sein Status in der Gesellschaft wächst dadurch immer mehr, und die Anerkennung seiner Zeitgenossen ist ihm sicher. Nach und nach entwickelt er sich zu einem bewunderten «Zeitgeist-Gewinner».

Doch am Ende seines Lebens stellt Dorian fest, dass er auf seiner Jagd nach den Verführungen und Versprechungen seiner Zeit die Verbindung zu sich selbst und zu tiefgehenden Gefühlen wie der Liebe unwiederbringlich verloren hat.

Damals dachte ich mir, dass ein so vielversprechendes Leben wie das von Dorian Gray doch eigentlich ein anderes Ende verdient hätte, und die Frage beschäftigte mich, ob es nicht hätte anders laufen können. Hätte die Liebe in diesem vermeintlich perfekten Leben nicht doch noch irgendwie zur Entfaltung kommen können? Es fiel mir schwer zu akzeptieren, dass ein solch blühendes Leben so elendig zu Ende gehen sollte.

Und so verwundert es nicht, dass ich am Ende meines Kulturwissenschafts-Studiums meine Magisterarbeit der Frage widmete, inwieweit die heutigen Zeitgeist-Gewinner mit ähnlichen Themen zu kämpfen haben wie Dorian Gray seinerzeit. Ich wollte erforschen, ob und wie die Liebe Platz gefunden hatte in ihrem gelungenen Leben.

Also machte ich mich auf die Suche nach den absoluten Zeitgeist-Gewinnern, die es damals so gab. Meine Reise führte mich nach Ibiza, Paris, New York und Marrakesch. Und da traf ich sie: erfolgreiche Zeitgeist-Teilnehmer, hochdekoriert mit den Attributen, die damals signalisierten, dass man zu den «Gewinnern» gehörte. Ich begleitete unter anderem den Besitzer einer Model-Agentur, den Erben eines berühmten Vermögens und den Erfinder eines weltumspannenden Gastronomie-Konzepts. Alles Menschen, die mit Macht, Geld, Erfolg und Schönheit beschenkt waren. Dies ermöglichte ihnen den vollen Zugriff auf alle Segnungen des Zeitgeists.

Von diesem Privileg machten sie auch heftig Gebrauch und rasten um die Welt, um ja alles mitzubekommen, was ihre Zeit ihnen zu bieten hatte. Ihr Lebensstil war legendär, und sie tauchten immer wieder, von allen anderen Zeitgeist-Teilnehmern bewundert, in den einschlägigen internationalen Medien auf.

Ich durfte als forschende Beobachterin dabei sein, wenn sie ihre Partys feierten, sich zum Essen trafen, ihre Termine absolvierten und auf diversen Veranstaltungen ihre Präsenz zeigten.

Wie ich es in meinem Studium gelernt hatte, beobachtete ich die Szenerie, ohne sie mit vorschnellen Annahmen und Meinungen zu bewerten, um einen größtmöglichen Erkenntnisgewinn über die innere Dynamik dieses Lebensstils zu garantieren.

Wir lernten uns also allmählich besser kennen, das Umfeld gewann Vertrauen zu mir, und so bekam ich immer mehr Insiderwissen: Der Druck der Zeitgeist-Gewinner, ihren Status quo aufrechtzuerhalten und zu mehren, war gewaltig. Im Vertrauen gestand man mir, dass Selbstzweifel und ein tiefes Gefühl von Ungenügen der heimliche Antrieb waren, immer ganz vorne im Zeitgeist mitspielen zu müssen. Die Erwartungshaltung sich selbst und allen anderen gegenüber war enorm.

Besonders gut ließ sich die Dynamik dieser Erwartungshaltungen an einer traditionellen Konstellation beobachten: reicher, erfolgreicher Mann und schöne Frau. Beide natürlich Zeitgeist-aktuell mit entsprechenden Attributen ausgestattet. Er vor allem mit der Art und Weise, wie er das Geld verdiente und seinen Lebensstil präsentierte. Sie entsprach mit ihrem Erscheinungsbild und ihren Ambitionen dem aktuellen Schönheits- und Zeitgeist-Ideal. Beide erfüllten auf perfekte Weise die Erwartungen des jeweils anderen und gaben sich gegenseitig das gute Gefühl, durch die Verbindung den Zeitgeist-Status des jeweils anderen noch zu erhöhen.

Das Leben der beiden verlief eine kurze Zeit lang wie im Rausch. Viel Anerkennung, viel Reiz, viel Bestätigung und das gute Gefühl, alles richtig gemacht zu haben, bestimmten ihr Dasein.

Doch die Zeitgeist-Gewinner bemerkten bald: Sie bekamen ihre Erwartungen vom gelungenen Leben durch den anderen nur temporär erfüllt.

Irgendwann funktionierte diese Projektion nicht mehr einwandfrei und der andere entpuppte sich immer mehr als normaler Mensch, der hie und da durchaus vom Ideal abwich.

Der Rausch wurde langsam zum Kater, und das eigene Ungenügen, das sich eben noch vom guten Gefühl überdecken ließ, machte sich wieder bemerkbar.

Sobald das passierte, wurden meist die Reize erhöht und neue Zeitgeist-Versprechen gemacht. Dazu gehörten angesagte Luxusreisen zu den neuen Hotspots der Welt, Designer-Shopping, Schönheits-Chirurgie und erhöhter Drogenkonsum – und dann ging es wieder eine Weile.

Doch nach einiger Zeit kam das Ungenügen der Zeitgeist-Gewinner wieder hoch, und sie beschimpften den jeweils anderen, weil auch sie oder er das furchtbare Gefühl in ihnen nicht vertreiben konnte.

Das war der Moment, in dem sich eine meiner Thesen über eine mögliche Dynamik der Zeitgeist-Gewinner bestätigte: Wenn sie an den Punkt gelangten, an dem sie alles konsumiert hatten, was ihnen Glück und Zufriedenheit versprach, und sie es trotzdem nicht erreicht hatten, entwickelten sie eine Art vampiristisches Verhalten. Um sich und den anderen zu spüren, tranken sie zwar kein Blut, labten sich jedoch am emotionalen Schmerz ihrer Partner, indem sie diese äußerst schlecht behandelten.

Ich war mit dabei, wenn sie sich aus Verzweiflung und Enttäuschung gegenseitig anfeindeten und man das Gefühl bekam, dass die jeweiligen Eckzähne langsam lang und spitz wurden.

Irgendwann lesen wir dann in den einschlägigen Medien, wie fürchterlich schief die Beziehung von diesem oder jenem Zeitgeist-Super-Paar ausgegangen ist und wie sie sich Vorwürfe machten, dass der eine nicht so war, wie der andere es sich vorgestellt hatte. Doch im Prinzip ging es hierbei noch um etwas anderes: Der eine hatte für den anderen einfach nicht eingehalten, was zu jener Zeit und in jenem Zeitgeist das Idealbild eines Partners und der gelungenen Liebe war.

Nach diesen Dramen gestanden mir die meisten von ihnen in ruhigen, unbeobachteten Momenten, dass sie immer noch auf die wahre Liebe hofften. Sie sehnten sich danach, dass da eine Frau oder ein Mann käme, die oder der so perfekt in ihre Vorstellungen passte, dass sie sich endlich nachhaltig verlieben könnten, und dann wäre alles gut – und alle ihre Zeitgeist-Ideale hätten sich erfüllt.

Es gibt Ausnahmen, doch die meisten meiner Zeitgeist-Gewinner haben es bis heute nicht geschafft mit der Liebe. Sie surften weiter erfolgreich auf den Zeitgeist-Wellen und gaben sich den Anschein eines Elite-Partners. Mit der Zeit wurden sie langsam älter, die Reize der Welt ärmer und ihre Gefühle von Mangel immer stärker. Das ließ sich bald nur noch durch Weniges wirklich betäuben.

Ihre Reisen verlagerten sie an Orte wie Marrakesch, wo man sich hinter den Mauern des fensterlosen Riads an Reizen versuchte, für die man wahrlich lange spitze Eckzähne brauchte. Sie betäubten sich mit Rotwein und Valium, und man konnte zusehen, wie das Menschliche aus ihren Gesichtern wich und etwas Tierisches, teilweise vollkommen Entfesseltes, zum Vorschein kam.

Ab da wollte man sie dann eigentlich nur noch in den Arm nehmen und ihnen zusprechen: «Alles wird gut.» Doch dafür waren sie viel zu gefährlich, sie hätten mich wahrscheinlich sofort gebissen.

Aber vielleicht hatten sie das auch schon längst getan, ohne dass ich es gemerkt hatte? Denn wenige Wochen nachdem ich meine Forschung abgeschlossen hatte, fühlte ich mich gar nicht wohl. Ich war sehr schwach und sehr blass. Ständig musste ich mich hinlegen und rang nach Luft. Ich magerte ab und war schließlich weiß wie eine Wand.

Nach etlichen Tests fand man heraus, dass ich eine schwere Blutarmut hatte.

Als mein Arzt mich fragte, was ich denn bitte in letzter Zeit angestellt hätte, sagte ich ihm scherzhaft, ich hätte Zeitgeist-Vampire erforscht.

«Wo und wie?», fragte er mich, und ich erzählte ihm von meiner Forschungsreise und davon, wie ich meine Beobachtungen im «Dracula Club St. Moritz» vor Zeitgeist-Gewinnern/Vampiren referiert hätte.

Er hielt kurz inne und murmelte: «Kann es vielleicht sein, dass ...?»

Doch sein wissenschaftlich geschulter Geist gewann schnell wieder die Oberhand, und er sagte: «Nein, das kann nicht sein.»

Damals dachte man bei solchen Phänomenen noch nicht an ganzheitliche energetische Zusammenhänge. Also blieb meine Blutarmut ein wissenschaftliches Rätsel.

Mit Hilfe großer Mengen von Eisenpräparaten und der liebevollen Zuwendung meiner Familie, allen voran meiner Mutter, erholte sich mein Blut innerhalb eines Jahres wieder.

Derweil nahm ich Abschied von meinen Zeitgeist-Gewinnern, wünschte ihnen alles Gute und bedankte mich für die große Reise, die ich mit ihnen hatte machen dürfen. Meine Vermutung, dass sie in ihrer Zeit mit ähnlichen Themen zu kämpfen hatten wie Dorian Gray in seiner Zeit, hatte sich bestätigt. Sie waren alles und hatten alles. Nach den aktuellen Zeitgeist-Maßstäben hätten sie ein gelungenes Leben führen müssen. Doch die Liebe zu anderen und zu sich selbst wollte den meisten trotz Pole-Position im Zeitgeist-Rennen nicht richtig gelingen.

Bei aller Erkenntnis war ich diejenige, die am Ende am meisten an dieser Erfahrung wachsen durfte. So habe ich nämlich viel über die Dynamik von Zeitgeist und Liebe gelernt. Ich durfte mein Bewusstsein dafür schärfen, was hinter den aktuellen Versprechen für ein gelungenes Leben steckt.

Dadurch verstand ich es in Zukunft zumindest ein wenig besser, ein selbst-bewusstes Leben im Spannungsfeld der wechselnden Zeitgeist-Kräfte zu führen.

Dieses Zeitgeist-Bewusstsein machte mich mündig, neue Bekanntschaften mit Menschen und mit Zeitgeist-Entwicklungen achtsam einzuschätzen.

Dem Geist der Zeit bin ich bis heute auf der Spur geblieben. Als Zeitgeist-Forscherin behalte ich seine Dynamik im Blick und erforsche seine neuen Versprechen vom gelungenen Leben, die dann wiederum unsere persönlichen Vorstellungen davon maßgeblich prägen.

Davon, wie diese Macht funktioniert und was der Zeitgeist jetzt und in Zukunft vorhat, erzähle ich in Vorträgen und berate auch Unternehmen darin, wie sie erfolgreich mit ihren Zukunftsprojekten den Nerv der Zeit treffen.

Das vorliegende Buch ist als Reise durch genau diese Themen gedacht und soll sichtbar machen, dass die Zeitzeichen augenblicklich günstig stehen für einen bewussten Umgang mit dem Zeitgeist und der Liebe.

Kapitel 1

Das ewige Versprechen
des Zeitgeists

Sie sind ein Zeitgeist-Teilnehmer. – Sehr gut, ich bin es auch! Und so wie jeder Mensch wandle ich durch meine Zeit auf dieser Welt und versuche, halbwegs alles richtig zu machen, damit mein Leben und das der Menschen, mit denen ich mich verbunden fühle, gelingt.

Glücklich möchte ich werden, irgendwann zurückblicken und sagen, mein Leben ist gut geworden. Ankommen will ich, das Gefühl haben, jetzt ist alles gut, jetzt habe ich es geschafft. Ich würde gerne keine Angst mehr haben, dass ich nicht glücklich bin mit dem Leben. Ich sehne mich danach, erlöst zu sein von dem Gefühl, dass alles noch im Werden ist und ich vielleicht irgendetwas übersehen habe, was noch zu tun ist, damit mein Dasein erfolgreich ist.

Doch was gehört eigentlich alles dazu, damit das Leben gelingt? Wie stelle ich mir mein Ich in dieser meiner Zeit vor?

Ich möchte schön sein, gesund natürlich, erfolgreich auch, verliebt sein wäre toll, den richtigen Partner finden noch besser. Viel Geld will ich haben, um tolle Sachen zu erleben und zu kaufen – natürlich auch für die Sicherheit und das Alter. Ich wünsche mir, dass es meinen Kindern gut geht und sie alle Chancen im Leben haben: eine gute Ausbildung, Glück und Zufriedenheit. Ich möchte meine Freundschaften pflegen und mir auch Auszeiten gönnen, und ich wollte immer schon mal um die ganze Welt reisen und mich selbst verwirklichen. Über einen *Youtube*-Kanal habe ich auch schon nachgedacht. Vielleicht würde ich dann auch mehr Sport machen.

Geht es Ihnen auch so? Wäre es nicht wunderbar, zu den «Gewinnern» unserer Zeit zu gehören? Wäre es nicht herrlich, die ganze Anerkennung für sich und sein Tun und seine Kinder zu bekommen? Wäre es nicht ein Segen, immer das Richtige zu tun, damit einem kein Schaden erwächst und man immer in Sicherheit ist? Und hätte man nicht Frieden, wenn man stets genau wüsste, was der nächste Schritt ist, damit das Leben gelingt?

Welch ein Glück für uns, dass es da einen gibt, der immer ganz genau Bescheid weiß, wie das gerade läuft mit dem gelungenen Leben, und der dieses Wissen mit uns teilen möchte.

Es gibt einen Geist, der uns in jeder Lebenslage und bei jedem Thema, gleich einem Souffleur, zuflüstert, was gerade die beste Handlungsweise wäre. Nein, wir werden nicht alleingelassen mit dem Ringen um Glück und Zufriedenheit. Wir haben einen Wegweiser, eine Orientierung, die von jedem Mitglied der Gesellschaft akzeptiert wird!

Von wem ich spreche, fragen Sie?

Der Geist der Zeit ist es, der uns sagt, was in unserer Lebenszeit zu tun ist, damit alles gut wird. Er liefert uns Tag für Tag eine erfolgversprechende Idealvorstellung von uns selbst. Er ist es, der uns sagt, wie das läuft mit der Anerkennung, mit der Sicherheit und mit der Gesundheit. Er verspricht uns das gelungene Leben, wenn wir seinen Vorgaben und Gesetzen folgen.

Er gibt uns die Gewissheit, dass wir gut entschieden haben, wenn wir unsere Kinder in einen Kindergarten geben, der neuerdings «Kinder-Akademie» heißt und nicht mehr «Villa Kunterbunt». Er verspricht uns Gesundheit, wenn wir Spinat und Kohl jetzt nicht mehr gekocht zu uns nehmen, sondern sie kalt gepresst trinken. Er schenkt uns Zuversicht, wenn wir unsere Karriere nach den aktuellen Wunschprofilen planen, und macht uns Angst, wenn wir Neues aus den Technologie-Hochburgen lesen. Und diese Furcht führt dann wieder dazu, dass wir genau wissen, wo in unserem Alltag wir uns noch mehr ins Zeug legen müssen.

Der Zeitgeist entscheidet darüber, ob unser Ich in seiner Zeit als erfolgreich gilt oder nicht. Er bestimmt, welche Karriere, welcher Partner, welches Kind, welches Essen und welcher Lebensstil gerade angesagt sind und welche nicht. Er entscheidet darüber, wie viel Anerkennung Ihnen als Zeitgeist-Teilnehmer zuteilwird, und das wiederum definiert, wie sicher Sie sich in Ihrem Leben fühlen. Wer diesem Diktat nicht folgt, kann im Leben schnell die Orientierung verlieren.

Aber keine Sorge, wenn Sie nicht zu 100 % in den aktuellen Zeitgeist hineinpassen oder einfach keine Lust haben, im Moment dazuzugehören: Warten Sie einfach eine kurze Weile. Denn wenn es *eine* Sicherheit beim Zeitgeist gibt, dann, dass er sich laufend verändert. Seine Vorstellung vom gelungenen Leben ist nur von kurzer Dauer, und neue Ideen kündigen sich meist schon in irgendeiner Nische an. Bald ist der Zeitgeist bereit, allen Zeitgeist-Teilnehmern von seiner nächsten Vision zu berichten.

Und Sie und ich? Wir machen wieder mit. Weil wir uns sei-

nen neuen Versprechen nicht entziehen können. Wir starten
abermals ein neues Konzept von unserem Selbst und schlagen einen neuen, erfolgversprechenden Kurs ein – in der Zuversicht, dass dann alles gut wird.

Und so beherrscht der jeweils aktuelle Zeitgeist unser Denken, Handeln und Fühlen – immer wieder aufs Neue.

Ihn dabei zu durchschauen, ist eine besondere Kunst. Wer sie
beherrscht, kann mit den Zeitkräften bewusst spielen und ist fä-
hig, sich nachhaltige Perspektiven und Freiheiten zu erschließen, die weit über den aktuellen Nerv der Zeit hinausgehen.

Dafür braucht es ein Bewusstsein für die Zeitgeist-Dynamik,
einen Abstand zu seinen Versprechen für ein gelungenes Leben.

Es ist Zeit für eine Aufklärung über Mythen und Glaubenssätze des herrschenden Zeitgeists und für eine neue Mündigkeit der Zeitgeist-Teilnehmer, damit wir ihn beherrschen und
mit ihm spielen können – und nicht umgekehrt.

Als Zeitgeist-Forscherin in Beratungsfunktion und als Vor-
tragsrednerin beschäftige ich mich seit 16 Jahren mit dieser
Thematik. Bisher hat vor allem die Wirtschaft das Thema
«Zeitgeist» für sich entdeckt: Lassen sich mit ihm doch die
Sehnsüchte und Bedürfnisse der Kunden weitgehend vorher-
sagen und instrumentalisieren.

Aber die Zeiten ändern sich. Mittlerweile spüren auch viele
Privatmenschen, dass da eine Kraft an uns zerrt, deren Gebote
eigentlich nur die Wenigsten einhalten können. Die Realität
kollidiert mit den Idealen, die uns von allen Seiten vorgege-
ben werden, und eine leise Stimme fragt: «Wie frei bin ich eigentlich wirklich? Wer bestimmt, was für mich persönlich ein
‹gutes Leben› ist?»

«Es gibt einen Geist, der uns in jeder Lebenslage und bei jedem Thema, gleich einem Souffleur, zuflüstert, was gerade die beste Handlungsweise wäre. Nein, wir werden nicht alleingelassen mit dem Ringen um Glück und Zufriedenheit. Wir haben einen Wegweiser, eine Orientierung, die von jedem Mitglied der Gesellschaft akzeptiert wird.»

«Es ist Zeit für eine Aufklärung über Mythen und Glaubenssätze des herrschenden Zeitgeists und für eine neue Mündigkeit der Zeitgeist-Teilnehmer, damit wir ihn beherrschen und mit ihm spielen können – und nicht umgekehrt.»

Kapitel 2

Die Macht des Zeitgeists

Wer oder was ist eigentlich dieser «Zeitgeist»? Welche Aufgabe hat er in unserem Leben, und warum hat er so viel Macht über uns?

Zeitgeist ist ein Versprechen. Er bestimmt unsere Vorstellungen von einem erfolgreichen Leben und gibt uns Orientierung, was wir dafür tun müssen. Er liefert uns zuverlässig und immer aufs Neue Stichworte, die uns erklären, was ein gelungenes Leben gerade ausmacht.

Gestern haben Sie zum Beispiel noch gedacht, dass Sie immer erreichbar sein müssen für den Erfolg; heute dagegen machen Sie «Digital Detox» (zu Deutsch: «Digitales Entgiften»), um erfolgreich zu bleiben, und in Kürze flüstert der Zeitgeist Ihnen das nächste Erfolgsmodell zu.

Sie denken jetzt vielleicht, dass das doch alles bloß alberne Moden sind. So was hat Sie noch nie interessiert. Die Zeitgeist-Versprechen gehen Sie nichts an.

In der Tat glauben viele Zeitgeist-Teilnehmer, dass sie Trends gegenüber resistent sind. Und dass Zeitgeist ein Lifestyle-Thema ist, das sich ausschließlich in der Hipster-Kultur, auf Fashionweeks, im Vegan-Trend und Ähnlichem niederschlägt.

Sicherlich kann man sich fragen, was einen zum Beispiel der «Hygge»-Gemütlichkeits-Trend aus Skandinavien angehen soll. Vor allen Dingen, wenn man hört, dass es nun Cafés gibt, die das mit dem Hygge so ernst nehmen, dass der Kaffee dort nicht mehr so heiß gepresst wird, damit er entspannter und ganzheitlich daherkommt – das ergebe ein ganz neues Aroma-Erlebnis für mehr Gemütlichkeit und Glück.

Liest man dann aber, dass auch in Singapur das Thema «Ganzheitlichkeit» nun als Neuentdeckung in Schulen umgesetzt wird, obwohl diese doch bisher für gnadenlosen Leistungsdruck in Mathe und Co. bekannt waren, wird es schon interessanter. Mehr Kreativität, mehr Exkursionen, mehr unkonventionelles Denken, so lauten die Bildungsideen dort nun.

Hört man zudem, dass unsere seit Jahren mit Druck und Dampf ausgebildeten Eliten in den Chefetagen mittlerweile angeblich im Sex- und Drogensumpf untergehen, wird es umso spannender, dass im *Silicon Valley,* jenem legendären Innovationszentrum der Computer- und Internetbranche, die ersten Kindergärten jetzt «Awakening Intelligence» (zu Deutsch: «Erwachende Intelligenz») heißen, während bei uns eben noch «Kinder-Akademie» draufsteht – als Verheißung für den späteren Erfolg.

Was hat das für unsere Zukunft zu bedeuten? Heiß geröstet in Kaderschmieden oder ganzheitlich entfaltet in Achtsamkeits-Kindergärten? Was ist denn nun das bessere Konzept für ein gelungenes Leben? … Und Sie dachten, Sie trinken einfach mal eine Tasse Hygge-Kaffee und überlegen, ob Sie das Konzept gut oder albern finden! Dabei hat Ihnen der Zeitgeist beim Genuss ganz nebenbei vom Wandel erzählt und sich sanft in Ihr Denken und Fühlen eingeschlichen.

Jetzt stellt sich die Frage, wo und wann dieses Thema in Ihrem Leben auf Sie zukommen wird. Vielleicht sind Sie UnternehmerIn oder ErzieherIn oder ProduktentwicklerIn? Vielleicht betrifft es Sie als Eltern oder als Kind, oder vielleicht will Ihr Partner in Zukunft die Beziehung neu strukturieren – eben ganzheitlich?

Das ist keine bewusste Entscheidung. Ihr Partner wird sich nicht vor Sie stellen und sagen: «So, jetzt bringen wir mal das Thema ‹Hygge› in die Beziehung!»

Nein, der Prozess ist ein schleichender. Sie trinken einen Kaffee, Sie lesen von den Schulen in Singapur, Sie regen sich über die eiskalte Manager-Elite auf und sind unschlüssig, ob nun «G8» oder «G9» für die Schule das Richtige ist. Sie bemerken, dass ein Buch über das geheime Seelenleben von Bäumen auf der Bestsellerliste ganz oben steht und dass das «Handelsblatt» auf seine Titelseite «Achtsamkeit» schreibt. Nach und nach erreichen Sie immer mehr kleine Details, die die aufgekommene Zeitgeist-Idee in der einen oder anderen Form transportieren.

Diese Informationen sickern in Ihr Unterbewusstsein und auch in das aller anderen Zeitgeist-Teilnehmer. Das Thema manifestiert sich so im kollektiven Unterbewusstsein. Und von dort aus bestimmt es unser aller Denken, Handeln und Fühlen.

Und so bemerken Sie irgendwann das Bedürfnis, Ihr Leben neu auszurichten. Sie denken, dass das, was der Zeitgeist Ihnen einflüstert, der neue Weg ist, der neue Kompass für Ihr gelungenes Leben.

Und das Beste ist: Das denken die meisten anderen auch, mehr oder weniger intensiv, und Sie bekommen eine Menge Anerkennung, wenn Sie sich aufmachen, den neuen Kurs anzusteuern.

Das ist die Macht des Zeitgeists, der wie ein Virus des Geistes eine «verbesserte» Vision vom guten Leben in unser Unterbewusstsein platziert hat.

Motiviert von diesen unbewussten Sehnsüchten, stellen wir neue Erwartungen an uns und unsere Umwelt. Wir haben jetzt einen aktualisierten Filter, der alles, was unser Leben ausmacht, frisch bewertet. Stück für Stück erobert der neue Geist der Zeit alle unsere Lebensbereiche: «Kinder-Akademie» oder «Waldorf»-Kindergarten, das ist jetzt die Frage, und welche veränderten Erwartungen an die Lebensmittelindustrie, an die Kosmetikindustrie, an Mobilität, Arbeiten und Wohnen habe ich jetzt? Welche Politik bekommt meine Zustimmung? Welchen Lebenspartner suche ich mir aus, und wie stelle ich mir die ideale Beziehung vor?

Und die Industrie spielt mit: Sie greift das neue Thema als Trend auf und beeilt sich, die entsprechenden Produkte und Services zu liefern.

Exkurs 1: Zeitgeist und Liebe

Lassen Sie uns als Beispiel die Auswirkung des Zeitgeist-Mechanismus' auf unser Flirtverhalten und die Partnerwahl anschauen.

Haben Sie sich die Idealpartner von Online-Dating-Porta-
len einmal bewusst angesehen? Dort finden Sie in der Regel
attraktive Zeitgeist-Teilnehmer, die mit aktuellen Lebens-
gefühl-Attributen ausgestattet sind. Momentane Spitzenrei-
ter: Er ist Kunsthändler und weltoffen, sie Architektin und
Feinschmeckerin mit Food-Blog.

Denken Sie, eine Feinschmeckerin wäre in den 50er Jahren
als Ideal-Partnerin angesehen worden? Oder ein Kunsthändler
hätte den Status eines idealen Schwiegersohns gehabt? Bei
der Feinschmeckerin hätte der potenzielle Ehemann wohl
eher Angst bekommen, ihre Leidenschaft nicht finanzieren
zu können. Und ein weltoffener Kunsthändler klang früher
mehr nach unstetem Lebenswandel als nach Heiratsmaterial.

Was ist passiert, dass diese Eigenschaften heute ein attrak-
tiver Mehrwert sind?

Der Zeitgeist flüstert uns im neuen Jahrtausend nicht mehr
zu, dass ausschließlich «Trautes Heim, Glück allein» mit si-
cherem Einkommen und materieller Absicherung ein gelungenes Leben repräsentiert. Heute geht es vielmehr um individuelle Lebensgestaltung, Erlebnis und eine hohe Kompetenz
im «richtigen» Essen. Nicht das, *was* Sie haben, macht den
Status aus, sondern *wer* Sie sind, ist ausschlaggebend. Das haben Sie still und leise in den unterschiedlichen Bereichen Ihrer gegenwärtigen Zeit gelernt.

Weltoffene Kunsthändler und Feinschmeckerinnen bedienen diese Zeitgeist-Bedürfnisse und klingen sofort und ganz
unvermittelt interessant und anziehend. Auf der unbewussten
Ebene werden sie von anderen Zeitgeist-Teilnehmern als erstrebenswerte Partner eingestuft.

Nun können Sie sich überlegen, nach welchen Kriterien Sie sich Ihren Partner oder Ihre Partnerin seinerzeit ausgesucht haben. Sie dachten damals vielleicht, Sie hätten aus freiem Willen gehandelt? Sicher hatte Ihre Wahl nichts mit einem Trend, einer Modeerscheinung oder dem Zeitgeist zu tun!

Falsch gedacht. Denn spätestens beim Thema «Liebe» kriegt Sie der Geist. Das, was wir als gegenwärtigen Idealpartner empfinden, entspricht nämlich in der Regel weniger unseren persönlichen Sehnsüchten, sondern ist vielmehr ein Versprechen des Zeitgeists, unter dessen Einfluss wir stehen. Die Inhalte, mit denen ein Mann eine Frau verführt und umgekehrt, sind ein Spiegel all dessen, wovon wir in der jeweiligen Zeit glauben, dass es ein gelungenes Leben ausmacht. Und ohne dass Sie sich dessen bewusst sind: Ihr potenzieller Partner wird daraufhin abgescannt, ob er oder sie sich als Erfüllungsgehilfe für solch ein «gutes Leben» eignet oder nicht.

Die Marketing-Abteilung eines Herrenausstatters fragte mich einmal, womit in Zukunft ein Mann wohl eine Frau verführt. Ist es weiterhin das teure Auto oder Boot? Oder nimmt er sie ein durch sein modernes «Smart Home»? Die Frage zielte darauf ab, mit welchem materiellen Statussymbol ein Mann eine Frau heutzutage verführen kann.

Die eigentliche Frage für mich war, ob materieller Status, in welcher Form auch immer, überhaupt noch ein Machtfaktor ist, mit dem Mann Frauen verführen kann. Reicht es in einer individualisierten Gesellschaft aus, als Mann seine Luxusgüter ins Feld zu führen, und die Frau denkt: «Oh ja, da winkt etwas Interessantes für mich – vielleicht sogar ein gelungenes Leben»?

Oder braucht es im Wandel der Zeit mit seinen aktuellen Themen von Selbstverwirklichung und «Selbstwirksamkeit» (womit das Vertrauen in die eigenen Fähigkeiten und das Recht, seine persönlichen Ziele zu erreichen, gemeint ist) vielleicht ein neues Versprechen?

Glaubt man den Statistiken, so hat sich nichts geändert. Die Frau suche immer noch nach finanzieller Sicherheit. Was ihre bewussten kulturellen Bedürfnisse angeht, ist das sicherlich eine schlüssige Grundannahme. Doch es bleibt zu hinterfragen, mit welchen Hypothesen und Fragestellungen dieses Ergebnis ermittelt wurde.

Will man die eher unbewussten und damit machtvolleren Sehnsüchte der Frauen in Bezug auf Liebe und Partnerschaft ermitteln, so hört man lieber dem Zeitgeist zu und nicht der Statistik.

Für diesen Zweck bin ich an einen Ort des Geschehens gereist, an dem materieller Status zelebriert wird, um Frauen anzulocken – an den Yachthafen von Ibiza.

Da waren sie, die Männer mit schicken Booten und teuren Autos. Das ganze Portfolio der materiellen Verführung breitete sich vor mir aus, und neugierig beobachtete ich, wie die jungen Damen auf dieses Angebot reagierten.

Interessanterweise waren die Ergebnisse der Lockversuche nicht ganz so vielversprechend, wie es die Statistik behauptet oder die Marketing-Abteilung meines Kunden es sich gewünscht hätte.

Ich schnappte mir ein paar der Frauen, die nicht auf das materielle Werben der Männer eingegangen waren, und bat sie um ein Interview. In diesem Moment hofft der Zeitgeist-For-

scher auf die entscheidende kleine Information, welche den Wandel ankündigt oder bestätigt.

Und tatsächlich, eine der Frauen sagte völlig entrüstet zu mir: «Was soll ich auf diesem Boot? Ich hab doch keine Lust, da passiv rumzuhängen und mir anzuschauen, wie toll der ist. Wenn er mich kennenlernen will, soll er von seinem Boot runterkommen und mich zum Eis einladen.» Die anderen nickten zustimmend.

Jetzt könnte man meinen, die Frauen seien eben selbst schuld. Sie haben ihre Chance verpasst und werden es vielleicht bereuen, so ein lukratives Angebot in den Wind geschlagen zu haben.

Doch worauf deutet diese Aussage im Bedeutungshorizont des Zeitgeistes hin?

Erinnern Sie sich an den Hygge-Kaffee und an die Grundidee, dass zu heiß gerösteter und gepresster Kaffee an seiner Entfaltung gehindert wird und wie diese Idee sich u. a. in der weltweit aktuellen Pädagogik-Debatte wiederfindet? Scheinbar unzusammenhängende Fakten verweben sich manchmal zu einem Muster – hier zum Beispiel bei «Entfaltung von Potenzialen»: Frauen, Kinder und Kaffee wollen sich entfalten –, und erzählen uns etwas über den Zeitgeist.

Also, was erzählt uns das Eis-Statement der jungen interviewten Frau? Um das zu verstehen, ist es erhellend, die Aussage im Zusammenhang zu betrachten:

Zu jenem Zeitpunkt hatte Marissa Meyer, seinerzeit die CEO von *Yahoo*, gefeierte Karrierefrau und dreifache Mutter, öffentlich gesagt, die Planung der Karriere von Frauen fange an mit der Wahl ihres Mannes. Damit war gemeint, dass eine gelungene Vereinbarung von Kind und Karriere maßgeblich von der Einstellung und dem Mitwirken des Partners abhängt.

Gleichzeitig machte eine neue Generation von Rapperinnen von sich reden, die mit Themen wie «She's the Boss» (zu Deutsch: «Sie ist der Boss») ihre totale Selbstbestimmung und Selbstverwirklichung feierten. In ihren Videos zeigten sie sich sexy, aber uneinnehmbar und spiegelten knallhart die Macho-Attitüde ihrer männlichen Kollegen. Diese neue Ästhetik in Ton und Bild war gerade dabei, die Popkultur zu erobern, während gleichzeitig die ersten Beauty-Marken, wie zum Beispiel *Dove,* damit anfingen, in ihrer Werbung zu proklamieren, Frauen endlich von dem Druck entlasten zu wollen, immer perfekt sein und gefallen zu müssen.

Im Zeitgeist wimmelte es nur so von alternativen Ideen für das weibliche Selbst-Konzept. Diese sickerten in das Unterbewusstsein der Zeitgeist-Teilnehmerinnen und entfalteten ihre Macht in dem Moment, da ihnen das alte, überholte Konzept angeboten wurde. Sie hatten mittlerweile neue Vorstellungen und Sehnsüchte an ein gelungenes Leben, an die Liebe und auch an die Partnerschaft entwickelt. Diese erfüllten sich nicht mehr mit «Mein Boot, mein Auto, mein Smart Home». Jene Versprechen waren vom Zeitgeist überholt worden, ohne dass es in der Statistik schon auftauchte.

Da diese Prozesse unbewusst ablaufen, ist der Zeitgeist deutlich schneller in den Menschen aktiv, als es eine Befragung feststellen könnte, welche sich auf Aussagen stützt, die aus dem Bewusstsein der Zeitgeist-Teilnehmer abgerufen werden.

Was macht aber jetzt der Herrenausstatter mit diesen Informationen? Wie verführt denn nun ein Mann eine Frau im neuen Zeitgeist? Was ist sein Erfolgs-Versprechen? Warum soll der Mann vom Boot runterkommen und in die Eisdiele gehen, wenn er die Frauen kennenlernen will? Was bedeutet das im Zeit-Kontext?

Das Thema Selbstverwirklichung hatte sich zu diesem Zeitpunkt schon durch fast alle Lebensbereiche durchgearbeitet, eben auch bei dem Thema Mutter und Karriere, bei Rapperinnen und bei *Dove*. Das war keine Entwicklung von fünf Minuten, sondern hatte bereits einen längeren Lauf im westlichen Kulturkreis hinter sich.

Der Gedanke war mittlerweile mehr und mehr zum Allgemeinplatz für die Idee eines gelungenen Lebens geworden. Der Wunsch nach Selbstverwirklichung und Selbsterfahrung bestimmte die Berufswahl, die Urlaubsplanung, die Essgewohnheiten und natürlich auch die Partnerwahl. Ja, Selbstverwirklichung bestimmte die neue emotionale Gesellschafts-DNA, der die Gesellschaft wie einem Kompass folgte.

Natürlich war auch das weibliche Selbstverständnis mit der Zeit gegangen und erwartete von einem potenziellen Partner, dass dieser sich mit ihren ganz persönlichen Lebenszielen auseinandersetzte und ihrer Individualität dadurch Respekt zollte. Und das geht eben viel besser, wenn der Mann sein Status-Umfeld, das Boot, verlässt und in die Eisdiele geht, wo ein Gespräch auf Augenhöhe möglich ist. Dabei erhält er die Möglichkeit, ihre Selbstverwirklichungs-Themen kennenzulernen und sich gegebenenfalls als Erfüllungsgehilfe anzubieten.

Und da haben wir es, unser neues Verführungs-Versprechen. Früher hieß es: «Schau mal, wie toll das Leben für dich mit mir sein könnte. Hier ist der Beweis: mein Status versprechender Sportwagen! Ich zeig' dir meine Welt, und finanziell bist du auch auf der sicheren Seite.» Doch die neue Zauberformel lautet nun: «Wow, bist du interessant! Darf ich dir dabei helfen, immer mehr die zu werden, die du sein willst?»

Und daraus lässt sich eine Marketing-Strategie entwickeln, die weit mehr Macht über die Konsumenten hat, als die Statistiken der jeweiligen Zeit vermuten lassen. Denn da steckt das große Versprechen drin, dass die Frau ihre aktuellen, teilweise auch unbewussten Zeitgeist-Bedürfnisse gestillt bekommt.

Und dabei ist es völlig unerheblich, ob das Versprechen anschließend eingelöst wird oder nicht. Weder Verführung noch die Versprechen des Zeitgeists haben etwas mit der Realität zu tun. Es geht rein um Ideale, die uns verheißungsvoll als Möglichkeit eines gelungenen Lebens in eine bestimmte Richtung und in ein bestimmtes Denkmuster locken.

In Zeiten, als das Selbst-Konzept von Frauen noch maßgeblich daraus bestand, sich dem Leben ihrer Männer anzupassen, war es natürlich notwendig, die Auserwählte zu beeindrucken. Schließlich musste der Mann einen Lebensstil präsentieren, der die Frau dazu verführte, sich ganz auf ihn einzulassen.

Wenn ihr Selbst-Konzept sich aber heute dahingehend verändert, dass sie zunehmend ihr eigenes Leben gestalten will, braucht es einen anderen Verführungs-Code als seine große Selbstdarstellung.

Wer das natürlich schon draufhat, sind viele junge Männer aus unseren Breitengraden. Sie sind vom aktuellen Zeitgeist frisch geprägt und kennen sich bewusst und unbewusst in den entsprechenden Verführungs-Codes aus. Fragt man die Männer, die jetzt in ihren Zwanzigern sind, nach ihrer Flirt-Strategie, dann ist es signifikant, dass sie praktisch die ganze Selbstdarstellungs-Phase zum Beeindrucken weglassen. Sie haben damit einen Zeitgeist-Evolutionsschritt in Sachen Verführung gemacht.

Wenn sie mit einer Frau in Kontakt kommen, versuchen sie nicht, diese durch Prahlen und Posen für sich einzunehmen, sondern suchen sofort nach Gemeinsamkeiten, um eine Verbindung herzustellen, die im besten Falle ausbaufähig ist.

Das schaffen natürlich nicht alle, aber denen, die es so machen, geht es mehr und mehr um ein Höchstmaß an Konnektivität. Diese Verbundenheit entsteht, wenn man sich gegenseitig Individualität zuspricht. Und Konnektivität ist *das* Basis-Versprechen für eine Beziehung, in der alles Weitere individuell gestaltbar scheint: das Konzept des gemeinsamen Lebens, das Thema Kind & Karriere, Weltoffenheit und Feinschmeckertum. Eben die ganze Bandbreite der Selbsterfahrung mit dem Partner-Versprechen: «Ich unterstütze dich auch dabei, das zu werden, was du sein willst.»

Diese Begegnungs-Ebene lässt sich leichter in einer Eisdiele herstellen als beim Status-Gefälle auf einem teuren Boot. Fragt man die jungen Männer, was sie von der Strategie «Mein Boot, mein Haus, mein Auto» halten, so haben sie mir geantwortet: «Das ist ein Old Man's Game.» – Es gehört für sie also der Vergangenheit an.

Für meinen Kunden, der im Begriff war, mit Versprechen zu werben, die schon längst keine mehr waren, hieß das, sich auf etwas für ihn Neues einzulassen: Um das aktuelle Versprechen zu nutzen, zeigte er nicht einen Mann am Steuer eines Autos, sondern eine Frau am Steuer eines Privatflugzeugs, wobei der Mann es genoss, sie auf dem Weg zu ihrem Ziel zu begleiten.

Nun kann man sagen, für eine ältere Generation funktionieren die alten Codes noch. Doch die Fragestellung war, was ist die Zukunft der Verführung? Und da wurde es deutlich, dass sich mittlerweile neue machtvolle Codes für ein gelungenes Leben etabliert hatten, die in den alten Konzepten nicht mehr zur Entfaltung kamen.

Und schon läuft man Gefahr, aus der Zeit zu fallen und seine Wirkung zu verlieren. Dies gilt für Männer, Frauen, Unternehmen, Produkte und alle Zeitgeist-Teilnehmer gleichermaßen. Der Druck, mit der Zeit zu gehen, im Trend zu sein, den Nerv der Zeit zu treffen, ist hoch, wenn man bedenkt, dass diese Faktoren über Erfolg oder Misserfolg entscheiden.

Und das betrifft nicht nur die Vermarktbarkeit von Lifestyle-Artikeln, sondern auch unser aller Liebesleben.

«Zeitgeist ist ein Versprechen. Er bestimmt unsere Vorstellungen von einem erfolgreichen Leben und gibt uns Orientierung, was wir dafür tun müssen. Er liefert uns zuverlässig und immer aufs Neue Stichworte, die uns erklären, was ein gelungenes Leben gerade ausmacht.»

«Die Inhalte, mit denen ein Mann eine Frau verführt und umgekehrt, sind ein Spiegel all dessen, wovon wir in der jeweiligen Zeit glauben, dass es ein gelungenes Leben ausmacht.»

Zeitgeist: Warum machen alle mit?

Warum machen wir alle mit beim Zeitgeist-Rennen?

Sie könnten jetzt einwenden, dass Ihre Partnervorlieben sich ganz entgegen den Trends entwickelt haben. Und natürlich sind Zeitgeist-Attribute nur *ein* Auswahlkriterium unter vielen anderen, die bei der Partnerwahl ausschlaggebend sind. Da gibt es noch die prägende Beziehung zu Vater und Mutter, optische Präferenzen und vieles mehr, das mit hineinspielt. Doch der Zeitgeist bestimmt über die Zustimmung oder Ablehnung der anderen Zeitgeist-Teilnehmer, und dies ist ein machtvoller Bewertungsmaßstab.

Denn passt der oder die Auserwählte in das Zeitversprechen vom gelungenen Leben, so ist uns die Zustimmung des Umfelds gewiss, und das gibt uns Sicherheit. Dieses Verlangen, in seinem Umfeld bestätigt und anerkannt zu werden, ist einer der zentralen Ansatzpunkte des Zeitgeists. Genau darum machen wir alle mit.

Ursache sind unsere emotionalen Grundbedürfnisse, unter anderem die Sehnsucht nach Orientierung, Status, Anerkennung, Zugehörigkeit und Sicherheit. Und die Stillung all dieser Bedürfnisse hängt nun einmal von unseren Mitmenschen ab. Wir können uns nicht alleine im Leben orientieren, uns selbst die ganze Anerkennung geben und uns nur bei uns zugehörig fühlen. Dafür brauchen wir das Feedback der anderen. Und deren Entscheidungsgrundlage ist nicht nur ihr persönlicher Geschmack, sondern sie urteilen auch nach den Kriterien der Zeitgeist-Vorgaben darüber, was gerade gefragt ist und was nicht.

Der Zeitgeist sagt uns, was gerade «Status» bedeutet und

ausmacht und wie unser Partner dafür beschaffen sein sollte: «Trautes Heim, Glück allein» oder «Weltoffener Kunsthändler und Feinschmeckerin».

Wenn Sie gegenwärtig einen Hygge-Kaffee trinken und das auf Facebook posten, bekommen Sie wahrscheinlich mehr Likes von Ihren Mitmenschen als bei dem Post eines Kännchens Kaffee. Wenn Sie vorhaben, «Motion-Designer» oder «Start-up-CEO» oder Klimaforscher zu werden, wird eher ein Raunen durch die Zuhörerschaft gehen, als wenn Sie vorhaben, Bankdirektor zu sein.

Exkurs 2: Das Zeitgeist-Geheimnis von Smartphones

Der Druck, der durch das Zeitgeist-Diktat auf Sie und mich ausgeübt wird, ist in allen Lebensbereichen spürbar.

Eine amerikanische Studie hat beispielsweise vor einigen Jahren bewiesen, dass *iPhone*-Besitzer zur Zeit der Befragung mehr Sex hatten als *Blackberry*-Besitzer. Was sagt das über den damaligen Zeitgeist-Status aus? Wie konnte das US-amerikanische Unternehmen Apple Inc. es schaffen, mit seiner Marke so eine große und allgemein anerkannte Status-Macht zu erlangen, dass diese sogar das Sexualverhalten der Nutzer beeinflusste?

Schauen wir uns einen Ausschnitt des Zeit-Kontextes an, in dem Apple groß geworden ist:

Die ersten Apple-Nutzer gehörten einer neuen Speerspitze der Gesellschaft an, der sogenannten «Neuen kreativen Klasse». Diese Gruppe gewann in den 80er und 90er Jahren an Status, weil die Medienlandschaft expandierte und neue kreative

Arbeitsplätze mit neuen Technologien erschaffen wurden. Wer in dieser Werbe- und Medien-Industrie arbeitete, hatte automatisch einen hohen Status, wirkten er oder sie doch mit an dem medialen «Look and Feel» des aktuellen Lifestyles und hatten Macht darüber, wie unser ideales Lebensgefühl aussehen sollte.

Diese kreative Elite-Klasse nutzte *Apple*-Computer. Ihr Zeitgeist-Status übertrug sich auf die Marke des Unternehmens Apple und die gesamte Produktlinie. Was einen *iPhone*-Besitzer wirklich unwiderstehlich machte, war also nicht nur das Smartphone selbst, sondern der ganze Zeitgeist-Status, mit dem das Produkt aufgeladen war. Und wenn die Kreativen gerade die Coolsten sind, dann hat das *Blackberry*, welches mehr den Zahlen-Arbeitern zugesprochen wird, weniger Chancen, um zu verführen.

Natürlich könnte man sich nun herrlich in einem Zeitgeist einrichten und denken, der Apple-Status hält ewig … Bis sich eine gewisse Sättigung einstellt, neue Strömungen interessanter werden und der Wandel der Zeit seine Dynamik weitertreibt und jemand mit den nächsten Zeitgeist-Attributen die ganze Anerkennung und damit den Status und das Mädchen kriegt.

Wie ist es heute? Sind es immer noch die *iPhone*-Nutzer, die zu den Zeitgeist-Gewinnern gehören?

Ich doziere an einer Fachhochschule für Kommunikations-Designer über das Thema «Zeitgeist Forschung». In meinem Kurs sind einige chinesische Studenten, was eine große Freude für mich ist, da ich so einen direkten Zugriff auf den Zeitgeist der asiatischen Weltmacht habe.

Letzthin entdeckten sie mein Handy auf dem Tisch und beäugten es ungläubig. Das konnte ich absolut verstehen, da ich ein uraltes, wenig prestigeträchtiges Modell von Samsung habe, das zu allem Überfluss auch noch ein zersplittertes Display hat.

Fasziniert standen sie vor mir, und ich nutzte diesen Moment gleich zum Forschen und fragte sie, was sie über mich denken würden, wenn sie mich als Unbekannte mit diesem Handy in einem Café sehen würden.

Antwort: Sie würden erst einmal vermuten, ich hätte nicht so viel mit Social Media zu tun. Ich glaubte an ein vernichtendes Urteil über meinen Zeitgeist-Status, aber sie legten nach und meinten, dass mich das aber eigentlich sehr interessant machen würde.

«Warum?», fragte ich staunend.

Na, weil sie es spannend fänden, herauszufinden, mit welchen Dingen ich mich anstelle von Social Media beschäftige!

Erst dachte ich, sie wollten mir gegenüber bloß höflich sein, aber als auch meine deutschen Studenten diesen Ansatz bestätigten, hatten wir ein Zeitgeist-Thema entdeckt.

Noch vor wenigen Jahren hätten sie gedacht, ich lebe hinter dem Mond mit so einem Handy. Nun, da eine gewisse Sättigung mit iPhone und Social Media stattgefunden hat, weil das Erleben dieser Phänomene sich mittlerweile in der Gesellschaft etabliert hat, finden sie es spannend, was sich wohl hinter dieser digitalen Social-Media-Welt bei mir und im Allgemeinen gerade abspielt, was man da so macht und erfahren kann.

Natürlich ist diese Entdeckung nicht neu. Sogenannte «Digital Detox Camps» haben sie schon zum Geschäftsmodell erhoben. In diesen Camps werden wir digital entgiftet und wieder mit uns und der Natur bekannt gemacht. Die Teilnehmer dürfen Gemeinschaft erleben und Begegnung zelebrieren, beim Klettern, Kochen und anderen Begegnungs-Workshops. Dabei werden grüne Smoothies getrunken und wird «Superfood» genascht, während der sinnvolle und stressfreie Umgang mit dem Smartphone gelehrt wird.

In London und Paris gibt es Cafés, in denen alle elektronischen Geräte in einen Spind gesperrt werden müssen, bevor man es sich gemütlich machen kann. Die Geschäftsidee dahinter ist es, eine erfrischende Abwechslung zur Smartphone-Nutzung anzubieten, bei der man sich selbst und seine Umwelt im Hier und Jetzt wieder wahrnehmen kann, um ungestört mit sich und anderen in Verbindung zu treten – direkt und mit allen dazugehörenden Erfahrungs-Ebenen.

In Amsterdam gibt es ein Hotel, in dem es wieder Gemeinschaftsbäder auf dem Gang gibt. Das Konzept ist extra auf junge «Digital Natives» ausgerichtet, die mit digitalen Technologien aufgewachsen sind. So kann man beim Zähneputzen ganz zwanglos Begegnung einüben.

Bars in Frankfurt und Restaurants in Berlin beziehen ihre Gäste im Service und beim Mixen der Drinks mit ein, um neue Räume für überraschende Begegnungen jenseits von Social Media zu schaffen.

Im Zeitgeist entsteht gerade eine Generation von Gastgebern, deren «Provider-Qualitäten» (zu Deutsch: «Versorger-Qualitäten») einem aktuellen Defizit entgegensteuern und die deshalb so erfolgreich sind. Die Welt jenseits von Social Media wird zum neuen Erlebnisfeld. Alles, was «offline» stattfindet, wird gerade interessant.

Und ich kann diesen Trend und die damit verbundene unbewusste Sehnsucht mit einem alten kaputten Handy heraufbeschwören und kriege am Ende auch noch «das Mädchen». Das ist die Macht des Zeitgeists.

Jetzt gilt es zu beobachten, wie sich dieser Code in unseren unterschiedlichen Lebensbereichen in Zukunft ausdrücken wird. Wie wird sich das auf die Art, wie wir wohnen und arbeiten, auswirken? Was bedeutet es für Social Media selbst, für die Konzeption von selbstfahrenden Autos oder die Politik?

Wie Sie sehen, begann der gesamte Einblick in dieses Zeitgeist-Thema mit einer Studie über das Sexualverhalten von Smartphone-Nutzern, die ich im Übrigen zufällig aufgeschnappt hatte. Das ist typisch für die Zeitgeist-Forschung: Wer die Zeitgeist-Macht nutzen will, fängt am besten unbewusste Momente des Wandels ein und integriert sie anschließend in seine Projekte. So trifft man den Nerv der Zeit. Wer dem Wandel der emotionalen DNA einer Gesellschaft auf der Spur ist, weiß, wann und warum die Zeitgeist-Teilnehmer ihre Präferenzen erweitern oder ändern, und kann entsprechend handeln und verführen.

Denn den meisten von uns ist nicht bewusst, dass wir unsere emotionalen Grundbedürfnisse in Bezug auf Anerkennung, Zugehörigkeit und Status immer wieder nach wechselnden Zeitgeist-Idealen ausrichten. Allzu gerne folgen wir demjenigen, der uns für die Erfüllung unserer Sehnsüchte die besten Angebote macht.

«Der Zeitgeist bestimmt über die Zustimmung oder Ablehnung der anderen Zeitgeist-Teilnehmer, und dies ist ein machtvoller Bewertungsmaßstab.»

«Wer dem Wandel der emotionalen DNA einer Gesellschaft auf der Spur ist, weiß, wann und warum die Zeitgeist-Teilnehmer ihre Präferenzen erweitern oder ändern, und kann entsprechend handeln.»

Zeitgeist: Der Kreislauf von Mangel und Begehren

Der ewige Wandel

Zeitgeist hat die Macht, unser ganzes Denken, Handeln und Fühlen zu verändern. Er besitzt die Kraft, ganze Märkte zu drehen.

Stellen Sie sich vor, Sie gehen in den Supermarkt und kaufen Hühnereier. Wahrscheinlich bevorzugen Sie Bio-Eier. Sie haben ja auch circa zehn Jahre lang vom Zeitgeist gelernt, dass glückliche Hühner gute Eier legen und dass diese förderlich für einen gesunden Körper sind.

Überprüft haben Sie das voraussichtlich nicht wirklich. Das war auch nicht notwendig, denn Sie wurden in Ihren unterschiedlichen Lebensbereichen ausdauernd daraufhin trainiert, dass Bio eine super Sache ist und Ihnen guttut. Das weiß ja schließlich jeder.

Bio-Produkte passen in den Zeitgeist von Nachhaltigkeit und gesunder Lebensweise, und alle machen mit, soweit man es sich leisten kann. Auch wenn das Bio-Angebot vom Discounter kommt, die Anerkennung und das gute Gefühl sind garantiert.

Nun aber stellen Sie sich einmal vor, es weht allmählich ein neuer Geist durch unsere Lebensbereiche. Die Idee von der «Selbstoptimierung» macht die Runde. Natürlich kann die auch durch den Bio-Gedanken abgedeckt werden, aber vielleicht kann es doch noch ein bisschen mehr sein für das Gelingen und den Erfolg? Plötzlich ist überall die Rede von Leistungssteigerung, und es gibt ein spannendes Angebot auf dem Markt: Digitale Fitness-Tracker helfen beim Optimieren der Gesundheit, Bio allein macht noch kein Superfood, welches jetzt *en vogue* ist, und von Pillen ist die Rede, die unsere Hirnleistung steigern können.

Allmählich gewöhnen wir uns daran, dass es gut und richtig ist, uns in allem stetig zu verbessern. Da kann man die Augen auf 150 % Sehkraft lasern lassen, die Haare und Wimpern verlängern und verdichten, sich in allen möglichen Lebensthemen coachen lassen und mit seinem Partner zum *CrossFit* gehen – der neuen Supersportart.

Wer sein Kind dann auch noch in einen Kindergarten bringt, der «Kinder-Akademie» heißt, könnte in Versuchung geraten, wenn direkt neben den Bio-Eiern auf einmal Eier angeboten werden, die durch einen hohen Anteil an Omega-3-Fettsäuren eine gesteigerte Hirnleistung versprechen.

Je nachdem, wo Sie im Zeitgeist stehen, entscheidet der über ihre Kaufentscheidung. Sehr schnell vergessen Sie das glückliche Huhn, wenn das neue Meta-Versprechen des Zeitgeists «Superleistung» heißt und dabei ist, sämtliche Lebensbereiche zu erobern.

Wenn Sie dem neuen Zeitgeist nicht Folge leisten, werden Sie von der Angst verfolgt, nicht alles für das Gelingen Ihres Lebens und das Ihrer Kinder getan zu haben. Wenn Ihr Kind dagegen in einen Kindergarten geht, der «Akademie» heißt, wo es Frühchinesisch lernt und Frühstücks-Eier isst, welche die Hirnleistung steigern, und Sie es auf dem Heimweg vom Zeitmanagement-Coaching abholen und danach zum *CrossFit*-Training gehen, dann können Sie sich am Abend ganz beruhigt ins Bett legen mit dem guten Gefühl, heute alles fürs gute Gelingen Ihres Lebens getan zu haben.

Alle weiteren Produkte, Ideen und Angebote für dieses Gelingen werden Sie neugierig verfolgen und mehr oder weniger in Ihren Lebensplan integrieren. Auch wenn Sie ein gemäßigter Zeitgeist-Teilnehmer sind, so wird Sie unbewusst die Angst verfolgen, nicht überall mithalten zu können oder Nachteile zu haben, wenn Sie nicht ein bisschen mitmachen.

Vielleicht finden Sie das alles unmöglich und schimpfen sogar über den neuen Zeitgeist, aber es ist wahrscheinlich, dass auch Sie sich irgendwann überlegen, wie Sie mehr Bewegung in Ihr Leben bringen, beim Mittagstisch mal kurz mit Zeitgeist-Augen über das Angebot schweifen und von den Lehrern eine bessere Förderung für Ihr Kind erwarten, obwohl eigentlich alles in Ordnung ist.

Dann schleichen sich erste Erfolge ein, samt der Anerkennung des Umfelds sowie der Facebook- und Instagram-Freunde. Sie posten beim Mittagstisch ein Foto von Ihrem Salat mit Chia-Samen und schreiben: «Jetzt geht's los, ich versuch's mal mit Superfood», und bekommen aufmunternde Kommentare aus Ihrer Community wie «Weiter so», «Einer von uns», «Willkommen in der Zukunft», «Endlich hast Du es begriffen» und so weiter. Ihre Zeitgeist-Muffel-Freunde schreiben vielleicht: «Grillfleisch forever» oder «Weizen macht glücklich». Doch das kümmert Sie gerade nicht, haben Sie doch ganz frische Anerkennung bekommen.

Das fühlt sich ziemlich gut an, und vielleicht sind Sie auf den Zeitgeist-Geschmack gekommen, auf diese Weise Ihre emotionalen Grundbedürfnisse zu stillen. Ob und wie Sie das

Ganze nun steigern und die Segnungen des Marktes für dieses Erfolgsversprechen konsumieren, hängt jetzt natürlich von Ihrer Persönlichkeitsstruktur ab und wie sehr der aktuelle Zeitgeist Ihrem Wesen entspricht.

Aber nehmen wir mal an, Sie machen dieses Leistungspensum der Selbstoptimierung ein paar Jahre lang mit und leben in diesem Zeitgeist. Und dann finden Sie sich auf einmal an einem Ort mit Hygge-Kaffee wieder.

Die Philosophie dahinter macht etwas mit Ihnen, Sie wissen nicht genau was, Sie finden es ein bisschen albern, aber irgendwie fühlt es sich ganz gut an. Das Thema hat Ihre Aufmerksamkeit, und Sie hätten Lust auf mehr, ohne dass Sie sich dessen bewusst sind.

Vor wenigen Jahren hätte der Hygge-Kaffee es noch nicht in Ihre Aufmerksamkeits-Zone geschafft. Da fühlte sich der Fitness-Tracker an Ihrem Arm noch neu und vielversprechend an. Endlich der digitale Supercoach für Ihre Fitness und Gesundheit. Endlich die totale Kontrolle über Ihre Zeitgeist-Leistungsziele und damit über Anerkennung und gelungenes Leben.

Heute, ein paar Jahre später, hat Ihre Aufmerksamkeit für das Piepen und Vibrieren des Trackers nachgelassen. Einer guten Tagesmessung – «Sie haben Ihr Leben heute um 3 Monate verlängert!» – folgte eine schlechtere Tagesmessung: «Ihr Herz wird die 3 Monate von gestern doch nicht länger leben!»

Hin und wieder haben Sie in letzter Zeit einfach Sport nach Gefühl gemacht, es aber noch keinem verraten, geschweige denn es gepostet, da Sie sich über den Status dieser Aussage nicht im Klaren sind.

Dann trinken Sie Hygge-Kaffee, und plötzlich sind Sie voll im Thema. Ohne es zu merken, sind Sie mittendrin im Zeitgeist-Rad von Mangel und Begehren, und das treibt Sie weiter voran. Das Versprechen von Nachhaltigkeit, Bio und Balance kommt Ihnen genauso plausibel vor wie das früher so verlockende Versprechen, durch totale Selbstoptimierung ein Top-Leben zu erreichen.

Nun wäre es doch eine herrliche Entlastung und ein neuer Hoffnungsträger, wenn das kommende Meta-Konzept des Zeitgeists einem verspräche, durch zarte, ganzheitliche Entfaltung die beste Leistung zu erzielen, statt wie bisher im Anspruch des Perfektionismus gefangen zu sein.

Innerlich werden Sie allmählich bereit, der nächsten Zeitgeist-Welle Aufmerksamkeit zu schenken. Die da verspricht, dass alle Potenziale, die Sie für ein gelingendes Leben brauchen, schon in Ihnen angelegt sind, und dass jede Leistung schon ein Teil von Ihnen ist und dass sie nur noch achtsam zur Entfaltung gebracht werden muss.

Die letzte Welle war aber auch zeitraubend und anstrengend, dieses ständige «Werden-Müssen».

Der neue Ideen-Komplex, dass alles schon ist und lediglich erweckt werden muss, wird für die Zeitgeist-Teilnehmer zunehmend zum neuen Sinn, zum neuen Wert und damit zur neuen Orientierung.

Avantgarde, «Bio» und der Weg zum Massenphänomen

Im Großen und Ganzen wissen wir alle, worauf es in unserer Zeit ankommt und woran wir zu scheitern drohen. Die herr-

schenden Regeln, wie man Aufmerksamkeit und Anerkennung erntet, sind für alle prägend und verführerisch.

Deshalb funktioniert es auch so gut, wenn ein Trend-
Thema sich in der Avantgarde formuliert, dort ein wenig ver-
weilt und Status aufbaut und sich dann auf den Weg in die
breitere Masse macht, wo es enthusiastisch aufgenommen
wird.

Das Phänomen «Bio» hat diesen Weg genommen. Erst war
es ein Thema für eine ganz spezifische Community, dann
wurde es zum Lifestyle, zum Bio-Lebensstil, und dann gab es
Bio-Produkte bei Aldi.

Wer diese Bio-Discounter-Ware kauft, hat genauso das Gefühl, sich etwas Gutes zu tun, und gibt die Nahrungsmittel mit
dem gleichen guten Gefühl an seine Familie weiter wie der,
der in einem Premium-Reformhaus – oder «High-End-Orga-
nic-Wellbeing-Markt», wie sie sich auch nennen – eingekauft
hat.

Unbesehen der tatsächlichen Segnungen von Bio-Produkten für unsere Gesundheit gibt uns allein das Gefühl, zur
richtigen Zeit das Richtige getan zu haben, Orientierung und
pusht unser Selbstwertgefühl im Sinne der Zeitgeist-Gebote.

In den Wirtschaftswunder-Jahren hatte diesen Effekt eine
Tütensuppe, die auf dem neuen Elektroherd schnell zubereitet war. Bio war im Nachkriegsdeutschland kein Thema, in-
dustrialisierte und schnell zubereitete Nahrung war in. Alles,
was den Haushalt leichter machte, war gefragt. Die Familie
war nachweislich glücklich mit *Maggi* und *Knorr* und be-
scherte den Herstellern dieser Instant-Produkte große Erfolge. Und so wurden immer mehr Nahrungsmittel mit dem Ver-

sprechen: «schnell zubereitet und lecker», hübsch verpackt und konsumiert.

Wie nicht anders zu erwarten, hatten wir irgendwann wieder den entsprechenden Zenit erreicht. Die Vorstellung, dass die Industrie es gut mit uns meinte, verschwand langsam, und dann schlug die Stunde für Bio.

Selbstgekochtes, «Frische-Suppen» im Supermarkt oder Tütensuppen mit dem Aufdruck «100 % Bio-Garantie» geben uns aktuell das Gut-und-richtig-Gefühl. Wir wähnen uns damit auf der richtigen Seite. Wir kommen auf den Zeitgeist-Geschmack, und das fühlt sich ausgezeichnet an. Egal für welchen Geldbeutel.

Unabhängig, von welcher Position aus Sie in das Zeitgeist-Rennen einsteigen, ob Avantgarde und Bioladen oder Discounter und Tütensuppen: Wenn Sie abends auf Ihren Tag zurückblicken, filtern Sie das Erlebte automatisch durch eine Zeitgeist-Brille. Sie prüfen Ihre heutige Leistungsbilanz für ein gelungenes Leben und schneiden wahrscheinlich oft nicht so gut ab – Sie fragen sich vielleicht, ob Sie gesund genug eingekauft haben und regional mit guter CO_2-Bilanz, oder ob es besser gewesen wäre, beim Discounter Fertiggerichte zu kaufen, weil Sie damit Zeit und Geld gespart hätten, um damit den Kindergeburtstag noch etwas aufzupeppen. Solcherlei Konflikte liegen jedoch einfach in der Natur der Sache. Denn Zeitgeist ist immer nur ein Ideal und interessiert sich nicht für Ihr reales Leben.

Aus dem Vergleich von Zeitgeist-Anspruch und Lebens-Wirklichkeit entstehen oft Schuldgefühle, Selbstverurteilungen und die Angst, den Anforderungen seiner Zeit nicht gerecht zu werden. Und das geht den meisten Zeitgenossen so, egal auf welchem Level und bei welchem Thema.

Denn die aktuellen Zeitgeist-Gebote sind immer wieder die Chance, unser Ich in der Zeit glänzen zu lassen. Das ist unser Ansporn, unser Bestes zu geben und auf Resonanz zu hoffen. Und wenn das nicht klappt, fühlen wir uns, als wären wir gescheitert. – Bis das eine Versprechen nachlässt, vom nächsten überlagert wird und wir eine neue Chance wittern, Zeitgeist-Gewinner zu werden.

Aus dieser Geschichte kommen wir scheinbar nicht mehr raus.

Die Triebkraft eines «Cheating-Days»

Die Zeitgeist-Wellen laufen nicht sauber hintereinander, sondern überlappen sich. Zeitgeist-Wandel entwickelt sich dynamisch, steigert sich, geht ins Gegenteil, kreiert etwas völlig Neues, und das alles am liebsten gleichzeitig. Sie können es nicht messen, können keine Konsumenten befragen, und «Big-Data» hat es auch schwer, weil wir unser Unterbewusstsein nicht posten.

So mancher Zeitgeist-Teilnehmer tut sich jedoch schwer bei dem Befolgen des ein oder anderen Zeitgeist-Gebots und fühlt sich schuldig, weil er zwar beim Job mit den neusten Techniken innovativ war und beim Sport nicht aufgegeben hat, bis die Leistungsgrenze samt digitaler Bestätigung erreicht war. Doch beim Achtsamkeits-Level in der «Support-Time» (zu Deutsch: «Betreuungszeit») für die Kinder gab's eine schlechte Bewertung und beim Abendbrot kein Superfood. Von der nicht zielführenden Performance später mit dem Partner im Bett ganz zu schweigen.

Dieses Schuldgefühl ist dann in unserem Bewusstsein und in unserem Unterbewusstsein präsent und macht uns empfänglich für das gegenwärtige und das kommende Angebot des Marktes.

Wer also nicht von Natur aus Zeitgeist-kompatibel ist, sucht sich ein entsprechendes Coaching aus dem wachsenden Angebot. Wer keine Hochleistungskinder hat, braucht ein pädagogisches Konzept, das «Akademie» heißt, samt passender Förder-App. Und wer das Gefühl hat, kurz vor dem Burnout zu stehen, macht ein achtsames «Digital Detox Seminar», isst veganes Rührei, und dann geht es wieder.

Wenn ein Versprechen nachlässt, überlagert es sich mit dem nächsten, und wir schauen einfach, was der Markt dafür zu bieten hat.

Diese Dynamik bewirkt, dass wir uns Neuem zuwenden und Altes schwindet. Dass etwas im Trend liegt und etwas anderes nicht mehr.

Oft werde ich in diesem Zusammenhang gefragt, ob nicht große Konzerne einfach Trends entwickeln und dann in den Markt drücken. Für mich ist das ein «Was war zuerst da? Die Henne oder das Ei?»-Problem. Was war zuerst da, das Bedürfnis der Verbraucher oder der von einer Industrie befeuerte Trend? Eins ist jedoch klar: Wenn Unternehmen nicht die bewusste oder unbewusste Motivation der Konsumenten mit einbeziehen, also den Nerv der Zeit, wird das «Erfinden» von Trends schwierig. Das Rad von Mangel und Begehren muss mitgedacht werden.

Zur Verdeutlichung möchte ich Ihnen eine Geschichte aus dem Alltag erzählen:

Stellen Sie sich vor, es ist Samstagabend. Sie sind allein zu Hause und schauen sich einen Film an. Plötzlich haben Sie Lust, was Süßes zu naschen. In der Küche gibt es ein Fach, das noch Reste von Schokolade beherbergt. Sie haben den Süßigkeiten-Vorrat in Ihrem Haushalt extra kurz gehalten, wegen Ihrer Fitness, der schlanken Linie und natürlich der Gesundheit.

Sofort regt sich das schlechte Gewissen, aber jetzt hätten Sie schon Lust drauf, und außerdem waren Sie schon so lange diszipliniert. Zusätzlich haben Sie letztens in einem Blog namens «Urban Super Body» gelesen, dass ein sogenannter «Cheating-Day» (zu Deutsch: «Mogeltag») wichtig ist, um beim Abnehmen die Motivation hochzuhalten. Am Cheating Day darf die Disziplin mal Pause machen. Da darf man mal Fünfe gerade sein lassen und alles essen und trinken, was man will.

Sie beschließen, nach all dem Verzicht ist heute ein guter Tag zum Mogeln, und Sie machen sich auf in die Küche. Die Schokolade ist schnell verputzt, Ihr Bedürfnis aber noch nicht befriedigt. Gerne würden Sie den Schoko-Genuss noch steigern und überlegen jetzt, was Sie noch im Angebot haben. Vielleicht Schokoladen-Eis oder Schokoladen-Kuchen? Bonbons würden es auch tun, Hauptsache, das Meta-Konzept «Süß» ist erfüllt. (Im Fachjargon der Zeitgeist-Forscher sprechen wir auch vom «innovativen Code ‹Süß›».) Wie gut, dass Sie noch kleine Mini-Kuchen zum Auftauen im Gefrierfach haben. Eine süße Innovation von einem Konditor-Start-up-

Unternehmen aus Amsterdam. Halbgefroren schmeckt der auch gut, und so tauen Sie ihn im Ofen auf, damit Sie schneller in den Genuss kommen.

Spätestens nach dem dritten Mini-Kuchen ist Ihnen schlecht, und das Meta-Konzept «Süß» interessiert Sie nicht mehr. Die schönste Eistorte, das tollste Konfekt und selbst handgemachte Pralinen würden Ihre Aufmerksamkeit jetzt nicht mehr gewinnen. Es gelüstet Sie nach etwas ganz anderem. Das Meta-Konzept «Salzig» ist Ihr neues Bedürfnis, am besten in allen Formen und Farben, jede Innovation wäre Ihnen dafür recht.

Die Sehnsucht nach Salz ist so groß, dass Sie sich sogar aufmachen zur nächsten Tankstelle und eine Tüte von den Ofenchips kaufen, die mit weniger Kalorien. Eine Packung vegane Würstchen nehmen Sie auch noch mit. Das ist dann nur noch ein bisschen «Cheating» und fühlt sich im aktuellen Zeitgeist einfach besser an.

Anschließend ist auch das Salz-Thema befriedigt. Begonnen haben Sie mit dem Zucker-Thema, was Sie gut gesteigert haben. Jetzt sind Sie pappsatt und könnten Ihre Aufmerksamkeit etwas ganz Neuem zuwenden. Das darf aber nichts mit Essen zu tun haben, denn das Meta-Konzept «Nahrungsaufnahme» ist ausgereizt.

Es sind neue Bedürfnisse entstanden, und Sie sind bereit für den Ausgleich – in welcher Form auch immer. Sei es Sport, Geselligkeit oder Schlaf.

Nach demselben Prinzip funktioniert auch die Zeitgeist-Dynamik. Die jeweils neu entstandenen Meta-Konzepte übertragen sich auf alle unsere Lebensbereiche, und jetzt kommt es auf den Markt an, für diese neuen Bedürfnisse Angebote zu entwickeln, sie aktuell zu verpacken und zu vermarkten. Sie und der Markt sind somit im Prinzip die ganze Zeit damit beschäftigt, Ihre Bedürfnisse in Balance zu halten. Das ist der Treiber, der die Zeitgeist-Dynamik von Mangel und Begehren immer wieder anspornt.

Wenn das Defizit, welches das alte Versprechen erzeugt hat, zu groß wird, werden wir empfänglich für neue Versprechen. Die machen in der Regel das Defizit als neues Bedürfnis aus und übersetzen es in entsprechende Angebote, wie zum Beispiel «Digital Detox» oder «Hygge-Kaffee». Im richtigen Moment kommt uns das gerade recht, und wir bauen sie in unser Konzept von einem gelungenen Leben mit ein. Damit es wieder vielversprechender aussieht.

Wenn eine kritische Masse an Zeitgeist-Teilnehmern erreicht ist, denen es genauso geht, nimmt die nächste Welle Fahrt auf, und Sie bekommen auf einmal positive Aufmerksamkeit und Anerkennung, wenn Sie Ihr Kind aus der «Akademie» herausnehmen und in den Kindergarten stecken, der «Awakening Intelligence» heißt. Natürlich funktionieren dann die Omega-3-Frühstückseier nicht mehr, und es müssen Eier von speziell energetisierten Hühnern her, damit sich Ihr Kind optimal entfalten kann.

Stück für Stück decken Sie sich mit entsprechenden Artikeln ein, die das neue Meta-Konzept des Zeitgeists transportieren und für Sie und das neue Ideal Sinn machen.

Ja, der Markt hat auf die neuen Impulse schon reagiert und bietet Ihnen immer mehr und zunehmend ausdifferenziertere Produkte für alle Lebensbereiche – bis Sie es völlig normal finden, veganes Hundefutter zu kaufen, und davon schwärmen, dass Sie in San Francisco einen Salat gegessen haben, der «Waste» heißt (von engl. «waste» = «Abfall»). Dieser besteht aus Gemüseabfällen wie Karottenschalen und Kohlstrunk. Verfeinert mit einem Designer-Salat-Dressing kostet er viel Geld, und man wirbt damit, dass die besten Nährstoffe in den Gemüsebestandteilen zu finden sind, die wir normalerweise wegwerfen.

Ohne das frühere kollektive Zeitgeist-Training von Selbst-Optimierung und Superfood hätten Sie diesen Salat nie gegessen und würden niemals schwärmerisch davon erzählen in der Hoffnung, Anerkennung zu gewinnen.

Seien Sie wachsam, wenn Ihnen etwas merkwürdig oder albern vorkommt. Achten Sie darauf, wenn sich etwas irgendwie gut anfühlt, aber Sie nicht so genau wissen, warum. Wer weiß, was der Zeitgeist Ihnen da gerade erzählt. Vielleicht finden Sie das Meta-Thema Ihres neuen Lieblingsfilms bald übersetzt in Frische-Suppen und kaufen diese, ohne dass Ihnen dabei bewusst ist, dass Sie schon der neuen emotionalen DNA Ihrer Gesellschaft auf der Spur waren. Hören Sie zu, wenn der Zeitgeist Ihnen erzählt, wann und warum sich das Rad von Mangel und Begehren weiterdreht und der Markt gleich mit.

«Unbesehen der tatsächlichen Segnungen von Bio-Produkten für unsere Gesundheit gibt uns allein das Gefühl, zur richtigen Zeit das Richtige getan zu haben, Orientierung und pusht unser Selbstwertgefühl im Sinne der Zeitgeist-Gebote.»

«Zeitgeist-Wandel entwickelt sich dynamisch, steigert sich, geht ins Gegenteil, kreiert etwas völlig Neues, und das alles am liebsten gleichzeitig.»

«Wenn das Defizit, welches das alte Versprechen erzeugt hat, zu groß wird, werden wir empfänglich für neue Versprechen. Die machen in der Regel das Defizit als neues Bedürfnis aus und übersetzen es in entsprechende Angebote, wie zum Beispiel ‹Digital Detox› oder ‹Hygge-Kaffee›.»

Kapitel 3

Das Zeitgeist-Spiel
mit unserer Orientierung

Der Zeitgeist als Wirkungsmacht ist viel mehr als nur eine Mode, die sich auf Schlaghosen, *Tamagotchis* und Hipster aus Berlin reduzieren lässt. Zeitgeist ist ein Klang, der die Gegenwart durchdringt. Er schwingt in der Gesellschaft und wird auch Sie persönlich erreichen. Und wenn der Klang sich ändert, wird auch das etwas mit Ihnen machen, dem Sie sich nicht werden entziehen können.

Er ist die Mentalität einer bestimmten Zeit und bietet die jeweilige Matrix für unsere Denk- und Fühlweise. Damit wird er zur kulturellen Leitidee und kreiert Wertvorstellungen, die unsere Handlungsmotivation beeinflussen. Doch auch wenn sich diese Begriffe nach Orientierung und Stabilität anhören, so ist am Ende doch nur der Wandel gewiss.

Es ist immer wieder verblüffend zu beobachten, wie wir dank ihm in die Lage versetzt werden, über Dinge nachzudenken, die früher noch undenkbar zu sein schienen.

Beispielsweise brachte der Zeitgeist es fertig, dass wir Tattoos heute schick finden und sie zum Markenzeichen von Stars erheben. Vor wenigen Jahren war eine Tätowierung in unserem Kulturkreis noch ein klares Symbol für die Zugehörigkeit zu einer ganz bestimmten sozialen Schicht, und jetzt ist sie ein Glamourfaktor.

Es ist auch beeindruckend, wie der Zeitgeist-Wandel imstande ist, unsere alten Vorstellungen zu überschreiben, und dass er sich traut, uns bisher gänzlich Unvertrautes und Fremdes anzubieten.

Plötzlich schauen wir Serien wie «The New Normal» (zu Deutsch: «Die neue Normalität»), in der ein homosexuelles Pärchen eine Familie gründen möchte und eine junge Frau dafür bezahlt, ihr Kind auszutragen. Diese kann dadurch ihren Lebenstraum verwirklichen, Anwältin zu werden, und ihrer eigenen Tochter damit ein besseres Leben ermöglichen. Am Ende hat sich eine ganz neue Familienform gebildet: «Die neue Normalität», welche für alle Beteiligten Nestwärme und Chancen anbietet. Der Zeitgeist macht es möglich, dass diese Serie heute preisgekrönt ist und der Großteil der Bevölkerung sich beim Anschauen sehr gut unterhalten fühlt.

Vor nicht allzu langer Zeit wäre die Serie auf dem Index gelandet, und wir hätten die Idee einer Doppel-Daddy-Familie für absolut unmöglich gehalten.

Ein weiteres Beispiel für Gedanken, die bisher undenkbar schienen, ist, dass vor einiger Zeit durch diverse Foren die Idee rauschte, das Männerwahlrecht abzuschaffen. Grund dafür war, dass laut Statistik deutlich mehr Männer rechtspopulistische Parteien wie die «AfD» wählen. Würde den Männern das Wahlrecht entzogen, so die These, hätten diese Parteien keine Chance mehr, ihre Macht auszubauen. Folglich wäre alles Unheil, das diese Parteien eventuell für die Zukunft mit sich bringen könnten, abgewendet.

Manch ein Mann wird jetzt wahrscheinlich Schnapp-Atmung bekommen, doch ob die Forderung richtig oder falsch ist, gerecht oder ungerecht, ist im Angesicht der Zeitgeist-Perspektive erstmal nicht relevant.

Bemerkenswert ist allein die Tatsache, dass so ein Gedanke heute Resonanz findet. Früher hätten die Frauen wahrscheinlich in ihren kühnsten Träumen nicht daran gedacht, das Männerwahlrecht abzuschaffen. Und selbst wenn es der einen oder anderen in den Sinn gekommen wäre, hätte es nicht das Potenzial gehabt, zum geistigen Lauffeuer zu werden, weil nämlich der Zeit-Kontext einfach ein anderer war.

Damals wählte eine Ehefrau laut Statistik überwiegend die gleiche Partei wie ihr Ehemann und passte sich in der Regel seinen politischen Ansichten an.

Mit oder ohne Statistik, von dieser Voraussetzung würde heute kaum mehr einer ausgehen. Allein das emanzipierte Grundgefühl, das wir von unserer gegenwärtigen Zeit eingeimpft bekommen haben, würde dagegen sprechen.

Natürlich ist es heute keine Seltenheit, dass Paare ihr Kreuz bei unterschiedlichen Parteien setzen. – Aber gleich das Männerwahlrecht abschaffen?

So ein vermeintlich abwegiger Gedanke ist ein Produkt des seit längerem andauernden Zeitgeist-Konzepts «Selbstwirksamkeit», in diesem Fall bezogen auf Frauen und die Geschicke ihres Lebens. Das Meta-Konzept «Selbstwirksamkeit» betrifft aber nicht nur Frauen, sondern natürlich alle Zeitgeist-Teilnehmer. Dieses Konzept erobert seit längerem unser aller Denken, Handeln und Fühlen.

Der Zeitgeist befähigt uns also dazu, bisher Undenkbares zu denken. Er tut dies, indem er die emotionale DNA unserer Gesellschaft verändert und damit unseren Blickwinkel auf die Umwelt. Durch die neuen Zeitgeist-Filter entstehen neue Erwartungen und vor allem neue Meinungen, die auf besagte Umwelt projiziert werden und Orientierung darüber geben, wie Situationen und Phänomene eingeschätzt werden können und sollen. Auf dieser Basis äußern wir unsere Überzeugungen und treffen unsere Entscheidungen fürs Leben und natürlich auch für den Konsum.

Nun könnte man dazu neigen, den Zeitgeist als Antagonisten zum zufriedenen Leben zu betrachten, da er uns doch immer wieder mit seinen neuen Ideen verführt.

Aber dieser Prozess lässt eine Gesellschaft auch wachsen und reifen. Gerade am Konzept der «Selbstwirksamkeit» wird deutlich, welche Kultur*leistung* der Zeitgeist bewerkstelligt, indem er uns bisher Undenkbares denken lässt: Der komplizierte Weg zur Selbstwirksamkeit – gekoppelt an den unbewussten Wunsch, weniger «heiß gepresst» zu werden, um in einen bestimmten Rahmen zu passen –, muss von einer Gesellschaft erstmal gedacht, umgesetzt und verteidigt werden.

Der dynamische Vorlauf, um dort hinzukommen, ist enorm, und egal wie man es findet, es bleibt die Tatsache, dass wir heute zum ersten Mal in der Geschichte in vielen Regionen und Bereichen keine großen gesellschaftlichen Sanktionen zu erwarten haben, wenn wir versuchen, ein selbstverwirklichtes Leben zu führen.

«Zeitgeist ist ein Klang, der die Gegenwart durchdringt. Er schwingt in der Gesellschaft und wird auch Sie persönlich erreichen. Und wenn der Klang sich ändert, wird auch das etwas mit Ihnen machen, dem Sie sich nicht werden entziehen können.»

«Nonstop you»

Wie machen wir das also gerade mit dem großen Abenteuer von unserer vermeintlich «wahren Selbstverwirklichung»? So ein individualisierter Zeitgeist-Teilnehmer braucht natürlich auch Orientierung, um herauszufinden, was denn jetzt genau das Richtige ist, speziell zugeschnitten auf sie oder ihn.

Markttechnisch hat das unter anderem mal ganz zart mit dem Thema «Mass Customization» (zu Deutsch: «Kunden-individuelle Massenproduktion») angefangen. Die digitale Revolution machte es möglich, dass Massenware auf einmal «maßgeschneidert» geliefert werden konnte. So brachte der US-amerikanische Sportartikelanbieter «Nike» im Zuge der Dienstleistung «Nike-ID» einen Turnschuh heraus, den man selbst gestalten konnte, und die italienische Mode-Marke «Gucci» gibt sich ein Zeitgeist-Lifting, indem jeder ihrer Konsumenten im Shop via Selbst-Gestaltung seiner Jacke den letzten individuellen Schliff geben kann.

Diese Strömung hat sich mittlerweile zum Trend namens «Hyper-Individualismus» ausgeweitet. Wir sehnen uns nach Produkten, die genau auf unsere sehr persönlichen Vorlieben abgestimmt sind und mit denen wir anderen gegenüber ein selbstbewusstes Statement abgeben können. Das gibt uns Sicherheit in der Selbstwirksamkeit und die Anerkennung der anderen.

Aber geht es nicht noch viel näher an unseren individuellen Kern heran? «DNA» ist das aktuelle Zauberwort für die individuelle Orientierung. Was könnte besser zu uns passen als auf unser Erbgut abgestimmte Produkte und Services?

Diverse Unternehmen analysieren heute mit Hilfe von DNA-Tests die perfekten Angebote für uns, welche dann in auf Algorithmen basierenden Verfahren speziell für jeden Kunden angefertigt werden.

Besonders die Themen Gesundheit, Haut- und Haarpflege profitieren von dieser Methode des perfekt individualisierten Angebots. Frei nach dem Motto: Es gibt Millionen von unterschiedlichen Haar-Bedürfnissen, und nun hat man endlich auch Millionen persönlicher Formeln dafür und kann die entsprechenden Produkte basteln. Vorbei die Einschränkungen durch fettiges, trockenes, lockiges oder strapaziertes Haar. Die Möglichkeiten für unsere persönliche Gesundheit und unser Wohlbefinden sind enorm.

Wer will heute noch als eine bestimmte Zielgruppe betrachtet werden oder in die Begrenzung von Konsumenten-Profilen reinpassen, wenn man doch alles auf die eigene, die ganz individuelle Karte setzen kann?

Und so müssen sich die Marketingabteilungen etwas einfallen lassen, um dieses neue Selbst-Konzept vom «totalen Ich» für sich zu vereinnahmen.

Hört man mal genauer hin, vernimmt man vor allem *einen* Schlachtruf durch den aktuellen Zeitgeist schallen. Er lautet: «Nonstop you!»

Nur, was *Du* willst, zählt. Und nur, was *Du* sein willst, ist wichtig. Von Körpercreme bis Deospray, das große Werbeversprechen ist mehr «You». Ob bei Ikea, im Radiosender oder in Hotelketten, alle versprechen Ihnen, «For A Better You» zu kämpfen.

Das Markt-Angebot bietet sich als Erfüllungsgehilfe an für das große Zeitgeist-Projekt von «Hilf mir zu werden, was ich sein will»: Mit «You are the creator» (zu Deutsch: «Du bist der Gestalter») locken heutzutage nicht nur Make-up-Marken das selbstwirksame Ich. Wir sollen bitte unsere Träume leben und unserem inneren Kompass folgen. Nur die innere Stimme zählt, und wir dürfen, ja *müssen* ganz wir selbst sein, sonst sind wir nicht auf der richtigen Spur und verpassen Glück und Erfüllung.

«Wohnst Du noch, oder lebst Du schon? Do it yourself, be original and never follow! – Nimm es selbst in die Hand. Sei ein Original, keine Kopie. Und folge niemand anderem nach als dir selbst.»

Egal, was Sie dann tatsächlich in Ihrem Innersten finden, das Ich ist für eine erstrebenswerte Biografie das große Orientierungs-Signal geworden. «Ich will es und hole es mir», lautet dann die Devise.

Nur, dass wir damit zunehmend in zeitgenössischen Filmen und Werbestreifen allesamt als Besitzer eines eigenen Cafés enden, dem vermeintlichen Ort der ultimativen Selbstwirksamkeit. Vielleicht wegen dem Hygge-Effekt? Wer ständig und überall dazu aufgefordert wird, sich auf sein Ich zu fokussieren und sich seiner selbst bewusst zu werden, mag es wohl nicht «heiß gepresst». Denn wie wir wissen, funktioniert Entfaltung so nicht.

Was für eine Zeit!

Auf jeden Fall ist es *Ihre* Zeit, das ist schon mal klar. Denken Sie daran, wenn Sie das nächste Mal Ihr Müsli individuell zusammenstellen. Und schimpfen Sie nicht auf die Generationen Y und Z, denn die sind ganz im Zeitgeist-Training und hören nur noch auf ihre innere Wunschliste, was sie angeblich fast unbrauchbar für den alten Arbeitsmarkt macht, der nach aktueller Wahrnehmung mehr auf Selbstausbeutung als auf Selbstwirksamkeit gesetzt hat.

Sie sind eben Kinder einer neuen Zeit und haben von ihren Eltern, so manchem reformpädagogisch-orientierten Kindergarten und auch vom Markt gelernt, dass auf ihre individuellen Bedürfnisse Verlass ist.

Wer also denkt, er müsse immer noch einem bestimmten Mainstream entsprechen, geht gerade nicht mit der Zeit. Wenn Ihr Leben gelingen soll, folgen Sie «einfach» dem aktuellen Ruf nach Selbstwirksamkeit, sonst verpassen Sie noch sich selbst und haben am Ende ein Leben gelebt, das gar nicht Ihrem inneren Kompass entsprochen hat! Etwas Schlimmeres kann Ihnen heutzutage gar nicht passieren, und Sie wären in der Innen- und Außenwahrnehmung gescheitert.

Vor nicht allzu langer Zeit hätte man Hyperindividualisten als egoistisch eingestuft, und vor noch viel längerer Zeit wären sie vielleicht aus der Gemeinschaft ausgestoßen worden. Doch heute winkt dafür die Anerkennung.

«Das Thema ‹wahre Selbstverwirklichung› hat sich mittlerweile zum Trend namens ‹Hyper-Individualismus› ausgeweitet. Wir sehnen uns nach Produkten, die genau auf unsere sehr persönlichen Vorlieben abgestimmt sind und mit denen wir anderen gegenüber ein selbstbewusstes Statement abgeben können. Das gibt uns Sicherheit in der Selbstwirksamkeit und die Anerkennung der anderen.»

Der digitale Trimm-dich-Pfad

Doch es bleibt die Frage: Was ist bei dem ganzen Angebot denn jetzt das genau Richtige für mich, so im Speziellen?

Am besten, Sie fragen Ihre Mutter, aber nicht Ihre organische, sondern Ihre digitale. Dies ist der Moment für sogenannte «Smart Mamas». Die digitale Fürsorge auf unserer Suche nach dem inneren Kompass. Hier tun sich gerade neue Marktchancen auf, es herrscht Goldgräberstimmung im Zeitgeist.

Denn das Gebot von Individualität darf kein Zufallstreffer sein, sondern ist auch eine Frage der Anstrengung. Vergessen Sie bei all dem Hygge und der Achtsamkeit nicht, dass wir alle noch ganz fest im Thema «Effizienz» stecken. So schnell werden wir das heiß Gepresste der letzten Jahre nicht los, und in den dynamischen Übergangsphasen entstehen daraus hochinteressante Innovationen.

Individuelle Entfaltung? Ja, gerne, aber bitte in Form von Höchstleistung. Unzählige Apps und Co. stehen bereit, um uns Orientierung darüber zu geben, was genau unser persönliches Optimum ist und wie wir es erreichen können.

Im «Vita Mojo Restaurant» in London kann man per Tablet-PC sein Essen selbst konfigurieren. Man sucht sich aus dem großen Superfood-Angebot seine Lieblinge aus und hat dann die Chance auf ein individuelles Gericht. Aber nur, wenn Sie mit Ihren Vorlieben nicht über das allgemeine Gesundheitsziel hinausschießen. Das Programm zeigt neben den Präferenzen auch den jeweiligen Kalorien- und Nährstoffgehalt der Auswahl an und macht Verbesserungsvorschläge, wenn man beim Fettgehalt etwas zu großzügig war. Das ist effektive Selbstoptimierung.

Und die gilt es nicht nur zu erreichen, sondern diese wirklich harte und disziplinierte Arbeit an seinem individuellen Selbst-Konzept muss auch gepflegt und erhalten werden.

Daher empfiehlt es sich, beim Feiern den Wodka nicht mehr zu trinken, sondern in vaporisierter Form zu sich zu nehmen, also nur als Dampf. Weltweit erfreuen sich gerade Clubs großer Beliebtheit, die ihr Lokal mit Wodka bedampfen. So kann man rauschhaft feiern, ohne dass die mühsame Optimierung zu sehr leidet und der Fitness-Tracker am nächsten Morgen Ärger macht.

Noch konsequenter wäre es, Sie gingen gleich auf eine «Morning-Gloryville-Party». Das ist ein zeitgemäßes Partykonzept, bei dem Sie morgens um 6 Uhr noch vor der Arbeit feiern.

Dort tanzen Sie wie gewohnt zu internationalen DJ-Klängen, nur mit dem Unterschied, dass auch mal ein Fitness-Instruktor neben dem DJ-Pult auftaucht. Nebenan gibt es Yoga-Unterricht, und das Buffet besteht aus grünen Smoothies und gesundem Fingerfood. Danach gehen Sie höchst optimiert zur Arbeit und haben bestimmt drei Monate Lebenszeit dazugewonnen, digital dokumentiert.

Die Geschäftsidee «Morning Gloryville» hat es während nur eines Jahres geschafft, in fast allen großen Städten der Welt erfolgreich zu sein.

All diese Aktivitäten werden selbstverständlich von Ihrem Smartphone mitverfolgt, ausgewertet und individuell für Sie bewertet. Kein Schritt geht verloren, und wenn Sie sich eine kleine Pause in der Sonne gönnen, sind Sie mit einem UV-Patch gut beraten. Dieses klebt auf Ihrer Haut und kommuniziert ebenfalls mit Ihrem Handy. Falls das Pflaster einen Anflug von Sonnenbrand ortet, gibt es sofort eine Nachricht, und Sie können reagieren, noch bevor UV-Schäden entstehen.

Optimiert und schadlos auf die Zielgerade fürs gelungene Leben. Das ist effektiv. Und daher gilt es alles zu vermeiden, was uns aus der Bahn werfen könnte. «Pretox» ist das neue «Detox», und unsere digitalen Eltern nehmen uns dabei an die Hand.

Wie geht es weiter mit diesem hochentwickelten Ich? Jetzt haben wir so viel investiert, gemacht und getan. Wir sind weit gekommen in der Geschichte der Individualisierung. Keine Gesellschaft vor uns hat dem Einzelnen – ausgenommen einigen hochgestellten Persönlichkeiten – erlaubt, sich selbst so ernst zu nehmen. Männer, Frauen und Kinder dürfen und sollen sich bei uns idealerweise selbst entfalten und ausprobieren. Wir alle dürfen uns dabei top ernähren und top gesund sein. Was für eine Ausnahme-Zeit für jedes Ich.

Und nun, da wir all die Möglichkeiten und die passenden Glaubenssätze und die Zeitgeist-Versprechen dazu haben, sollen wir einfach zusehen, wie uns das alles wieder genommen wird durch das Altern und Sterben?

Wundern wir uns wirklich, wie man in unserem Zeitgeist auf die Dienstleistungs-Idee kommt, Menschen nach dem Tod einzufrieren, damit sie bei fortschreitender Technik wieder zum Leben erweckt werden können?

Unser Anlageberater würde das schlicht Maximierung des «Return on Investment» (zu Deutsch: Kapitalrendite) nennen, in diesem Fall auf das eingesetzte Humankapital. Und wir denken das unbewusst auch, wenn wir über Möglichkeiten nachdenken, unser hochgezüchtetes Selbst im Computer zu verewigen. Mit einem sogenannten «Mind Uploading»-Verfahren, bei dem wir unser ganzes Sein der Nachwelt digital zur Verfügung stellen könnten.

Warum soll so viel Mühe und Arbeit am Selbst nicht der Ewigkeit zugeführt werden? Die Unsterblichkeits-Visionäre im Silicon Valley sind dabei nur die Spitze einer Humankapital-Optimierung in eigener Sache. Wir «Nonstop you»-ler laufen schon längst in der Spur dieses Meta-Konzepts.

Unser Zeitgeist-Training in Sachen eigener Ewigkeit hat schon begonnen, und wir opfern viel Zeit, Gedanken und Geld, um diesem Versprechen eine erfolgreiche Richtung zu geben.

Ob Sie joggen, Chia-Samen essen, Botox spritzen, ständig Ihre Gesundheit checken – analog und digital – oder mit Selbstmanagement noch mehr aus Ihrem Leben rausholen wollen: Sie geben sich nicht auf und erwarten noch mehr. Das ist die Zeit Ihres Lebens, und die ist es wert, verbessert und verlängert zu werden.

Jetzt bleibt die Frage, wie weit Sie dieser Zeitgeist vom kostbaren selbstwirksamen Ich und der Ewigkeit noch vorantreiben wird? Frei nach dem Motto: Bleiben Sie bei den Bio-Eiern, oder müssen es doch irgendwann die Omega-3-Eier für die verbesserte Hirnleistung sein?

Und während Sie sich diese Frage stellen, erzähle ich Ihnen von dem vermeintlichen Durchbruch in der Anti-Aging-Therapie: Denn Altern – was heutzutage der Zeitpunkt ist, wenn wir über den Zenit der Optimierung hinauskommen – hat mittlerweile den Status einer Krankheit, und diese gilt es zu heilen.

Junges Blut hält jung, und altes Blut macht alt, ruft es aus der Forschung. An sich noch keine neue Erkenntnis, das wissen wir schon aus dem Vampir-Mythos. Neu scheint zu sein, dass dieser Effekt jetzt bei Mäusen tatsächlich positiv getestet wurde. Eine junge Maus, die an den Blutkreislauf einer alten Maus angehängt wird, verjüngt die alte Maus auf allen Ebenen. Nicht nur glänzendes Fell und starke Muskeln sind die Folgen, sondern auch die kognitive Leistungsfähigkeit verjüngt sich. Und das Beste: Dieser Effekt scheint auf den Menschen übertragbar zu sein.

Brauchbar ist aber nur sehr junges Blut, am besten Kinderblut. Und ja, der Markt macht sich bereit. Ein Wissenschaftler hat schon aus einem kriminellen Umfeld Kinderblut in unbegrenzter Menge angeboten bekommen.

Für sich genommen eine absolut grausige Vorstellung und aufs Schärfste zu verurteilen. Die meisten Zeitgeist-Teilnehmer würden und werden sich von solchen Methoden für die Ewigkeit vehement distanzieren.

Doch im Zeitgeist-Kontext hat diese Information noch eine andere Dimension. Denn unsere Grundbereitschaft, für das aktuelle Versprechen eines ewig jungen, gesunden und gelungenen Lebens wilde Sachen zu machen und zu konsumieren, ist da – und sie wächst.

Jetzt sind die Marketingabteilungen gefragt. Entsprechend verpackt und beworben, wird das Thema «Frischblut» vielleicht bald genauso in unsere effektive Selbst-Optimierungsroutine übergehen wie die Funktionen eines Smartphones.

Denn eins ist sicher: Wir sehnen uns nach Anerkennung und ringen um Bedeutung. Da sich ein allgemeingültig anwendbarer Wertemaßstab nicht finden lässt, wissen wir nie genau, wo wir stehen mit der Anerkennung durch unsere Umgebung. Dass wir uns selbst die Anerkennung und Liebe geben, die wir verdient haben, ist indes auch nicht so einfach. Wir wollen aber geliebt werden und haben daher solche Angst, nicht dazuzugehören. Und diese Angst macht uns regelrecht blind. Blind für uns selbst und für die Zeitgeist-Dynamik, die uns gerade in ihren Bann zieht.

Und dann sehen wir alles durch unseren Zeitgeist-Filter und verstehen nicht, was passiert. Die Angst, dass unser Leben nicht gelingen könnte, treibt uns weiter. Vielleicht sind wir – Sie und ich – irgendwann doch nur noch einen Schritt davon entfernt, Kinderblut zu konsumieren, damit das Zeitgeist-Versprechen sich erfüllt.

«Wir wollen geliebt werden und haben daher solche Angst, nicht dazuzugehören. Und diese Angst macht uns regelrecht blind. Blind für uns selbst und für die Zeitgeist-Dynamik, die uns gerade in ihren Bann zieht.»

Grenzbeamte in eigener Sache

Ist es bei so viel Angst ein Wunder, dass wir Zeitgeist-Teilnehmer, wenn wir erst einmal etwas Passendes gefunden haben,
das uns endlich kostbare Ich-Orientierung gibt, dies dann
auch vehement verteidigen?

Besonders gut lässt sich das auf dem Ernährungsmarkt beobachten. Das jeweils einzig wahre Nahrungsideal für ein gelungenes Dasein gilt es vor «Andersgläubigen» zu schützen.

Und diese Aufgabe ist nicht unerheblich, denn an ihr hängen eine ganze Menge Zeitgeist-Versprechen: Die große Verheißung von «fit, gesund und schön» – gleich ein erfolgreiches
Leben lang. Große aktuelle Inhalte für unsere emotionalen
Grundbedürfnisse. Wer heute richtig isst, kommt ins «Zeit-
geist-Paradies». Allein der unbedingte Glaube daran zählt –
und die Einhaltung der entsprechenden Gebote.

Dafür sind wir bereit, höchste Selbstdisziplin walten zu lassen, um aus unserem «You» ein «Better You» zu machen.

Das ist das Faszinierende am Zeitgeist: Egal, wie er sich dreht,
er neigt dazu, uns immer wieder an die neuen Glaubenssätze
zu binden. Und wie in allen Glaubensfragen kann schnell ein
Hang zum Extremen entstehen. Daher kann sich auch ein hy-
perindividueller Zeitgeist-Teilnehmer mit seinem nahrhaften
Selbst-Konzept schnell radikalisieren. Wie beispielsweise in einem Berliner Restaurant, das so streng regional ist, dass kein
Pfeffer mehr angeboten wird. Oder das Münchner Café, in dem
man mit Schimpf und Schande verjagt wird, fragt man nach bö-
sem Zucker für das Qualitäts-Getränk. Und auch Veganer haben
nicht gerade den Ruf, tolerant zu sein.

Dabei haben wir es heute gar nicht so schwer, unsere Außengrenzen zu verteidigen und in unserer eigenen kleinen Blase zu leben: Zum Beispiel surfen wir in Begleitung eines Heeres von personifizierten Algorithmen durch das Internet und bekommen dabei immer nur das serviert, was vermeintlich zu unserem Selbst-Konzept passt. Man bewertet und klassifiziert für uns alle unsere Vorlieben, Präferenzen und Meinungen.

In dieser individuellen Echo-Kammer können wir seelenruhig an unseren patriotischen Ich-Profilen herumbasteln und hoffen dann auf Resonanz. So ein freundlich geschlossenes Weltbild ist immer eine gut funktionierende Orientierung und hilft sehr in der «Nonstop you»-Angelegenheit.

Aber es kann eben auch unfreundlich daherkommen. Ich möchte hier nicht erschöpfend das Phänomen des Rechtspopulismus erklären, aber ist «For A Better You» so weit entfernt von «Me first!» (zu Deutsch: «An erster Stelle komme ich!») oder «Make America great again»? Manchmal liegen die verschiedenen Zeitgeist-Manifestationen enger nebeneinander, als uns lieb ist, und repräsentieren ein und dasselbe Meta-Konzept.

Ohne dass es uns bewusst ist, sitzen wir demselben Versprechen auf, nur in einem anderen Gewand.

Vielleicht ist am Ende der individuelle Selbst-Optimierer auch nur ein Nationalist in eigener Sache.

Mit «Makes you great (again)» kann man heutzutage eigentlich alles verkaufen.

So verteidigen gegenwärtig viele Frauen ihre Zeitgeist-Außengrenzen und kreieren eine Welle der Super-Empörung, wenn ein Mann sich auch nur ansatzweise sexistisch äußert oder verhält. Unsere Zeit nimmt das Thema so ernst, dass Mann gegenwärtig seinen Job deshalb verlieren kann, egal in welcher Position.

Wer sich darüber aufregt, hat den Zeitgeist nicht verstanden. Da ist auch der Sprung zur Abschaffung des Männerwahlrechts nicht weit, wenn Männer doch mehrheitlich noch die weibliche Selbstwirksamkeit beschneiden wollen!

Sowohl die angenehmen als auch die unangenehmen Zeitgeist-Phänomene, die hier beschrieben wurden, hängen miteinander zusammen. Aber dies passt zu der eigentlichen Herausforderung, der wir als moderne Menschen heute gegenüberstehen. Wir sind gezwungen, in und mit vielen Widersprüchen zu leben. Wir alle müssen ständig unseren eigenen Standort in der Welt bestimmen, unser Verhältnis zu den Dingen, unseren Abstand zu den Ereignissen.

Wäre es da nicht ratsam, wenn wir uns der Zusammenhänge unserer Zeit mehr bewusst würden? Wenn wir die Macht und den Facettenreichtum des Zeitgeists besser durchschauten? Wenn wir seine Meta-Konzepte erkennen würden und zur Abwechslung mal wirklich selbstbestimmt handelten?

Doch wir bleiben leider meist auf der unbewussten Ebene hängen und werden zum Spielball der Zeit. Wir hüpfen hin und her zwischen den Glaubenssätzen von «Gut und Böse», «Das geht, und das geht gar nicht» oder «in und out».

Bedenken Sie, welche Karriere allein das Nahrungsmittel Milch in der jüngeren Zeitgeist-Entwicklung gemacht hat! Von «Super gesund und lebenswichtig» bis hin zu «Wurzel allen Übels», als Milch als Ursache für Lernschwäche identifiziert wurde. Und jetzt geht es langsam wieder zurück zum anfänglichen Enthusiasmus. Laktose-intolerante Zeitgeist-Teilnehmer sind natürlich von der Welle ausgenommen.

Diese wechselnden Eindeutigkeiten haben rasant zugenommen und vermischen sich zunehmend zu einer großen Suppe von Gleichzeitigkeiten. Blättern Sie mal durch zehn verschiedene Zeitschriften-Titel, gerne aus ganz verschiedenen Genres. Was in der einen als Weg zum Gelingen beschrieben wird, ist in der nächsten schon widerlegt. Da lesen Sie von den neuen Kommunikations-Methoden der Paartherapeuten, schon ruft es aus der anderen Ecke: «Wir zerreden unsere Beziehungen; Paartherapeuten packen aus.» An anderer Stelle lesen Sie: «Bio doch nicht so gesund!», und obwohl das eine Magazin rät: «Positionieren Sie sich besser in den Sozialen Medien», schlägt Ihnen von anderer Seite die Info entgegen: «Große Müdigkeit in den Sozialen Medien.» Aber hatten Sie nicht gestern erst gehört: «Vorsicht, lassen Sie Ihr Profil nicht verbrennen!»?

Experten in der Branche sprechen von einem regelrechten «Trend-Kollaps», weil irgendwie alles geht und alles doch gleich wieder in Frage gestellt wird.

Wenn alles zur Disposition steht, machen sich natürlich einfache Parolen, lautstark vorgetragen, recht gut für die geschundene Aufmerksamkeit. Schimpf und Schande sowie vorschnelle Vergleiche können schnell den Eindruck erwecken, als würde jemand um seine Orientierung ringen.

Denn das Eigene wird nicht besser, wenn man das andere diffamiert. Diese dahinterstehende Angst schadet am Ende nur uns selbst, und wir haben nichts an Bedeutung gewonnen. Und genau um diese geht es uns ja.

«Das ist das Faszinierende am Zeitgeist: Egal, wie er sich dreht, er neigt dazu, uns immer wieder an die neuen Glaubenssätze zu binden.»

«Wäre es nicht ratsam, wenn wir uns der Zusammenhänge unserer Zeit mehr bewusst würden? Wenn wir die Macht und den Facettenreichtum des Zeitgeists besser durchschauten? Wenn wir seine Meta-Konzepte erkennen würden und zur Abwechslung mal wirklich selbstbestimmt handelten?»

Kapitel 4

Zeitgeist-Bewusstsein

Mittlerweile haben Sie sich sehr gut in Ihrer persönlichen Zeitgeist-Blase eingerichtet und verteidigen Ihren Plan vom gelungenen Leben.

Doch dafür, wie Sie etwas finden, interessiert sich der Zeitgeist eigentlich gar nicht. Er hat einen ganz anderen Auftrag. Er ist das Fieber des Aufbruchs und des Vorwärtskommens. Er lässt sich nicht an etwas binden oder geht langfristige Verpflichtungen ein. Mit Nachhaltigkeit und wahren Werten beschäftigt er sich beispielsweise nur, wenn diese Themen einmal zum Trend werden. Seine Gabe ist die Unruhe, und da bleibt er flüchtig und im steten Wandel.

Mit dieser Dynamik schafft er Veränderung und immer auch etwas Ausgleich zu dem, was vorher war. Das bedeutet leider keine Balance für uns, sondern nur ein kurzes kollektives Durchatmen, bis sich ein neuer Überhang im Zeitgeist gebildet hat und es wieder weitergeht.

Und so geht es seit Menschengedenken. Jede Generation verteidigte ihre durch den Zeitgeist eingeimpfte Vorstellung vom gelungenen Leben.

Die zur Verfügung stehenden Möglichkeiten, unsere emotionalen Grundbedürfnisse zu befriedigen, wandelten sich jedoch ständig, aber die Menschen waren zu allen Zeiten stets hochmotiviert, es mit den immer wieder neuen Angeboten zu versuchen.

Im Mittelalter dachte man zum Beispiel, eine gottesfürchtige Erziehung sei das Allerbeste, was man für sein Kind tun könne, denn dann erreiche es das Himmelreich. Gibt es ein heiligeres Ziel? Rechtfertigte das nicht alle Mittel? Es wurden – für unser heutiges Empfinden – unvorstellbare Methoden angewandt, um dieses Erziehungsziel zu erreichen, da in jener Zeit ein maximal gelungenes Leben einfach etwas ganz anderes bedeutete als heute.

Heute denken wir, dass die totale Förderung und ganz viel Schule unsere Kleinen zwar nicht die Himmelsleiter, aber doch die Karriereleiter emporträgt, und da wartet ja für viele von uns der «Himmel», das optimal gelungene Leben.

Die Methoden, die wir gegenwärtig für dieses Ziel anwenden, werden den Generationen nach uns in ihrem zukünftigen Zeitgeist genauso absurd bis schädlich vorkommen, wie es uns heute mit den vielen überkommenen pädagogischen Konzepten der Vergangenheit geht.

Doch die aktuellen Zeitgeist-Projektionen auf uns und unsere Liebsten sind uns nur mehr oder minder bewusst, denn der Zeitgeist regiert meist im Unterbewusstsein. Selbst ich, die ich mich täglich mit der Thematik beschäftige, kann mich oft dem unterschwelligen Einfluss des Zeitgeists nicht entziehen.

Ich war gerade damit beschäftigt, «The Future of Feminity» (zu Deutsch: «Die Zukunft der Weiblichkeit») für ein großes Kos-

metik-Unternehmen zu erforschen, und telefonierte mit meiner Kollegin.

Unser Thema war, inwieweit die sogenannten «Helikopter-Eltern» das Konsumverhalten der weiblichen Mitglieder der Generation Y und Z beeinflussen. Helikopter-Eltern sind Erziehungsberechtigte, die ständig über ihren Kindern kreisen und dafür sorgen, dass ihnen alles mund- und artgerecht angerichtet wird, so dass sie schadlos und möglichst effizient die jeweiligen Zeitgeist-Ziele erreichen. Diese Eltern spielen sozusagen die organische Version von «Smart Mama» für ihre Kinder.

Während wir uns also über das Meta-Konzept austauschten, kam meine 9-jährige Tochter zu mir gelaufen und wollte sofort Abendbrot gemacht bekommen. Ich vertröstete sie auf später mit dem Hinweis, dass ich gerade ein Arbeitsgespräch führe.

Meine Tochter ließ sich aber von ihrer Working Mum nicht beirren und forderte von mir weiter die sofortige Bedürfnis-Stillung. Zwischen den wiederholt geduldig – jedoch mit unterschwellig zunehmender Anspannung – hervorgebrachten Ankündigungen, dass es mit dem Essen gleich losgehe, besprach ich also das Phänomen der Generation Y und Z, die es laut Literatur nie gelernt haben, sich selbst um ihre Bedürfnisse zu kümmern. Anscheinend haben sie immer jemanden, der alles für sie regelt und optimiert. «Was bedeutet das für ihr Konsumverhalten und die Erwartungen an einen zukünftigen Arbeitgeber?», lautete die Frage.

In diesem Hin und Her zwischen Helikopter-Eltern-Diskussion und der spannungsgeladenen Situation mit meiner hungrigen Tochter hielt meine Kollegin am anderen Ende der Lei-

tung auf einmal inne und meinte: «Sag deiner Tochter doch einfach, sie soll sich selber was machen.»

Wie vom Donner gerührt, begriff ich, dass ich gerade die unterschiedlichsten Aspekte von Helikopter-Eltern betrachtet und gleichzeitig völlig unbewusst exakt wie sie gehandelt hatte!

Natürlich kann meine Tochter sich das Abendbrot auch mal selbst machen, aber sie hat keine Übung darin, und ich bin es auch nicht gewohnt, darüber die Kontrolle abzugeben. Es geht dabei schließlich um das mundgerecht geschnittene Gemüse für das gesunde lange Leben.

Auch ich bin eine Zeitgeist-Mutter und handle am Tag mehrheitlich unbewusst ganz im Sinne der aktuellen Gebote. Für einen kurzen Moment aber hatte ich diesen Zeitgeist-Bewusstseins-Blitz mitten im täglichen Fluss, und mir wurde mein ferngesteuertes Verhalten bewusst.

Ganz beschwingt von der Erkenntnis, sagte ich meinem Kind, es solle sich doch einfach selbst etwas zu essen machen. Der Kühlschrank wäre gefüllt, und sie wisse ja, wo alles sei. Und außerdem wäre sie ein großes tolles Mädchen.

Meine Tochter schaute mich einen Moment lang verdutzt an, machte dann auf dem Absatz kehrt – und rief nach unserem Au-pair-Mädchen.

Noch Fragen?

Vielleicht verhalten sich Kinder einfach so. «Ganz normal», wird man womöglich sagen. Aber ich bin mir nicht sicher, ob wir das in einem anderen Zeitgeist als normal angesehen hätten.

In einem alternativen Zeitgeist würde man sich jetzt vielleicht schon Sorgen machen, dass meine Tochter mit dieser

Art keinen Mann zum Heiraten findet. Oder hätte man sie pathologisiert, weil so wenig Lust auf Küchenarbeit nicht dem «wahren» Wesen eines Mädchens entspricht?

In wieder einem anderen Zeitgeist würde sie vielleicht schon längst *mir* das Abendbrot machen.

Wann sehen wir, was wirklich ist, unabhängig vom Zeitgeist? Wie können wir Abstand gewinnen von unserer Zeitgeist-Prägung? Wie schaffen wir es, hinter den Filter zu blicken? Wann wissen wir, ob etwas gut und richtig ist, ohne vorher einen Zeitgeist-Check gemacht zu haben?

Wahrscheinlich genau in diesen kurzen Momenten, wenn uns klar wird, dass wir immer dachten, es gut zu machen und auf dem richtigen Weg zu sein, aber sich plötzlich trotzdem eine große Spannung in uns aufbaut. So groß, dass wir merken, dass unser Ich mit den Zeitgeist-Vorgaben nicht wirklich gut zurechtkommt, und die arbeitende Helikopter-Mutter auf einmal der Tochter zumutet, sich selbst das Abendbrot zu schmieren.

Erkenntnis?
Manchmal nur einen Schlafanzug weit entfernt!

Ganz die Erfüllungsgehilfin des Zeitgeists, habe ich meine Tochter früher nach dem langen Tag im Kindergarten noch zu diversen Kursen und Förderangeboten geschleppt. Alle haben das so mit ihren Kindern gemacht. Wir Zeitgenossen waren uns einig: Das tut den Kindern gut. Unbewusst sind wir dem Meta-Konzept gefolgt, dass dieser effiziente Einsatz am Kind doch ein gelungenes Leben garantieren muss.

Also kreise auch ich über der Zeit meiner Tochter, im festen Glauben, genau das Richtige zu tun und nur das Beste zu wollen.

Aber nach ein paar Wochen «Gelungenes-Leben-Programm» an meiner Vierjährigen ging sie nachmittags in einer kurzen Pause in ihr Zimmer und zog sich dort kommentarlos ihren Schlafanzug an.

Und was machte ich? Ich zog ihn ihr wieder aus, denn so konnten wir das aktuelle Zeitgeist-Versprechen wirklich nicht einlösen. «Einfach Schluss für heute und mal gar nichts mehr» fühlte sich für mich einfach nicht richtig an.

Aber für sie tat es das, und daher wiederholte sie das Schlaf-anzug-Thema täglich.

Es hat für meine Tochter wohl eine gefühlte Ewigkeit gedauert, bis ich mich endlich traute, meinen Zeitgeist-Filter zu überwinden und sie in ihrem echten Bedürfnis wahrzunehmen.

Mit anderen Worten, ihr Ich-Erleben (die sogenannte «Ich-Zeit») fing an, unter den aktuellen Vorgaben zu leiden, die von außen an sie herangetragen wurden. Die Welt, in der sie lebte (ich benutze hierfür im Folgenden den Begriff «Welt-Zeit»), wurde ihr zu viel und war nicht kompatibel genug für ihre ureigenen Bedürfnisse. Ihre Spannung zwischen Ich-Zeit und Welt-Zeit wurde so groß, dass sie sich wehren musste und nach einem Ausweg aus der mütterlichen Erwartungshaltung suchte.

Das sind die Augenblicke, in dem die Zeitgeist-Gebote uns bewusst werden. In diesem Fall jedoch passierte es weniger meiner Tochter als mir. Im Anschluss an dieses Erlebnis bin ich deutlich achtsamer mit ihrer Ich-Zeit umgegangen.

Dennoch wird auch sie im Laufe ihres Lebens die angebotenen Strategien für Anerkennung und Zugehörigkeit ausprobieren. Aber ich wünsche ihr, dass sie sich ihnen nicht opfert. Dass sie die Spannung und den Druck erkennt, wenn sich die Zeitgeist-Gebote und die eigenen Bedürfnisse nicht so recht in Einklang bringen lassen. Wichtig ist, dass sie die Spannungen nicht einfach so aushält und denkt, mit ihr stimme etwas nicht und sie müsse weitermachen wie bisher, sondern dass sie mit möglichst wenig Selbstzweifeln in eigener Sache aktiv wird.

Denn das können die wenigsten von uns, und dann in der Regel auch nur von Zeit zu Zeit. Stattdessen opfern wir uns und die, die wir lieben, nur allzu bereitwillig den Zeitgeist-Geboten. Es passiert im festen Glauben daran, dass «es» eben so sein muss. Wir halten oft erst inne, wenn die Spannung, die eigentlich fast alle spüren, als Zeichen der Zeit erkannt und anerkannt wird, wie zum Beispiel beim immer häufiger auftretenden «Burnout», einem Syndrom des Ausgebranntseins und der völligen psychischen und körperlichen Erschöpfung.

Mit den Zeitgeist-Kräften spielen

Sich von der Zeitgeist-Dynamik mit ihren Glaubenssätzen für ein gelungenes Leben zu distanzieren, ist eine besondere Kunst. Wer sie beherrscht, kann mit dem Spannungsverhältnis zwischen Ich-Zeit und Welt-Zeit viel gelassener umgehen.

Nicht die Überwindung des Zeitgeists ist das Ziel, sondern die Bewusstwerdung dessen, was durch seinen Einfluss eigentlich mit uns geschieht. Dann haben wir die Chance, dass wir uns den Zeitgeist-Geboten nicht mehr uneingeschränkt und willig opfern und dafür ein zunehmend selbstbestimmtes Leben führen. Unsere Selbst-Liebe hängt dann nicht nur davon ab, wie gut wir in das aktuelle Zeitgeschehen passen, und wir müssen nicht unablässig dem Zeitgeist genügen, sondern im Zweifelsfall mehr uns selbst.

Wichtig ist, dass wir seine Macht erkennen und dadurch Abstand zu seinen Versprechen gewinnen. Sonst sind wir Marionetten der jeweiligen Zeitkräfte, ohne Vertrauen in uns und in das Leben. Ein Leben, das sich mitnichten durch Zeitgeist-Gebote kontrollieren lässt. Denn schon morgen kann der Zeitgeist die vertrauten Prioritäten verändern, und Sie müssen liebgewordene Positionen und Verhaltensweisen ablegen und möglichst ohne Gesichtsverlust die neuen adaptieren. – Vertrauen und Selbstbewusstsein haben es dann schwer.

Betrachten Sie daher den Zeitgeist als eine Art Koordinatensystem für Ihre Ich-Zeit in der Welt-Zeit. Sie können sich darin orientieren und herausfinden, wo in etwa Sie sich gerade befinden, lassen sich aber keine feste Position zuschreiben. Verschieben Sie bei Bedarf nach Kräften die Koordinaten so, wie es Ihrem eigenen Weg entspricht. Ganz im Sinne der Selbstwirksamkeit.

«Wie um alles in der Welt soll ich merken, was meine eigenen Fähigkeiten und Kräfte sind, wenn mein ganzes Denken, Handeln und Fühlen vom Zeitgeist beeinflusst ist?», werden Sie mich fragen.

Beobachten Sie, wie sich Ihr Ich in der Welt fühlt. Wenn Sie dann merken, dass die Spannung zu groß wird, können Sie in eigener Sache aktiv werden. Dann ist es an der Zeit, mit den Zeitgeistkräften zu spielen.

Sobald das Alte zu viel Spannung erzeugt, sei es, weil es uns zu einseitig, zu streng, zu selbstverständlich oder zu langweilig wird, liefert uns der Zeitgeist neue Ideen.

Diese immer wiederkehrenden Spannungen liefern den Antrieb, uns und die Welt zu verändern und auszugleichen. Würde diese Anspannung uns Zeitgeist-Teilnehmern weggenommen werden, würden wir ganz schön träge werden. Sie ist also gut und essenziell, aber eben nicht alles. Und wenn wir uns dem ewigen Diktat des Zeitgeistwandels quasi bedingungslos unterwerfen, wird es problematisch.

Denn der Zeitgeist ist flüchtig, untreu und ohne bleibende Werte. Genau darum hat er die großartige Eigenschaft, uns voranzutreiben. Er ist das Fieber des Aufbruchs, nicht die Gewissheit des Ankommens.

Immer wieder aufs Neue unreflektiert auf ihn zu setzen, hilft Ihnen daher abends ab und zu, mit dem guten Gefühl, am Puls der Zeit zu sein, ins Bett zu gehen. Aber Stabilität für sich und die, die Sie lieben, werden Sie dadurch nicht erlangen.

Lassen Sie lieber die Zeitgeist-Wellen entspannt auf sich zukommen, und schauen Sie ihnen nach wie an einem Strand. Richten Sie Ihren Blick auf den Horizont, und überlegen Sie, was Sie sich selbst, Ihren Liebsten und der Welt zu geben haben.

Wahrscheinlich hat es etwas mit Liebe zu tun, wodurch uns die Mündigkeit vom Zeitgeist mit uns selbst verbindet. Doch dazu später mehr.

«Dafür, wie Sie etwas finden, interessiert sich der Zeitgeist gar nicht. Er hat einen ganz anderen Auftrag.»

«Der Zeitgeist ist flüchtig, untreu und ohne bleibende Werte.
Genau darum hat er die großartige Eigenschaft, uns voranzutreiben. Er ist das Fieber des Aufbruchs, nicht die Gewissheit des Ankommens.»

«Betrachten Sie den Zeitgeist als eine Art Koordinatensystem für Ihre Ich-Zeit in der Welt-Zeit. Sie können sich darin orientieren und herausfinden, wo in etwa Sie sich gerade befinden, lassen sich aber keine feste Position zuschreiben. Verschieben Sie bei Bedarf nach Kräften die Koordinaten so, wie es Ihrem eigenen Weg entspricht.»

Kapitel 5

Eine kleine Geschichte der Zeitgeist-Dynamik

Eine neue Idee, ein neues Fieber kommt in die Welt, meist aus der Nische, der Avantgarde. Diese Idee nimmt Gestalt an, und wie ein Virus des Geistes erobert sie unsere unterschiedlichen Lebensbereiche, sickert in unser kollektives Unterbewusstsein und verändert so unser Denken, unser Handeln und unser Fühlen.

Diese neuen Lebensanschauungen gehorchen keiner wissenschaftlichen Logik. Es wird einfach eine alte Anschauung von einer neuen überblendet, und die beiden koexistieren eine Weile. Sichtbar wird das Neue dann als einschlägige Manifestation des Zeitgeists.

Um diesen rasanten Wandel, diese Zeitgeist-Dynamik der letzten Jahre, besser greifbar zu machen, möchte ich mit Ihnen eine kleine Zeitreise unternehmen. Denn schon eine grobe Skizze der jüngsten Geschichte zeigt, dass die jeweilige Zeitenwende kein Problem damit hat, uns in relativ schneller Folge mit genau dem Gegenteil dessen zu verführen, was gerade noch ein «Must-have» gewesen ist.

Ich steige mit dem Zeitgeist-Rückblick in den 1960ern ein, als in den Ländern des Westens eine nie dagewesene Steigerung des Lebensstandards zu beobachten war. In den darauffolgenden Jahren bis heute hat sich ein gewaltiger Zuwachs an Reichtum, Nahrungsmitteln, Wissen, Waren, gefühlter Sicherheit, Lebenserwartung und wirtschaftlichen und technologischen Errungenschaften bei uns vollzogen. Wir Zeitgenossen wurden dabei Teilhaber an einer Kulturleistung, die wir heute «Lifestyle» nennen.

Wir machen uns also auf, «Flower Power», «Null Bock», «Generation Golf», «Sex and the City» und «Digital Natives» einmal mit dem Zeitgeist-Blick zu betrachten. In jenen Jahren haben wir gelernt, Individuen sein zu dürfen. Ab den 70er Jahren hat der Zeitgeist den Grundstein dafür gelegt, dass wir heute Selbstwirksamkeit als Geburtsrecht betrachten.

Ohne Anspruch auf Vollständigkeit surfen wir mal locker über die Wellen der vergangenen Lifestyles und schauen uns dabei skizzenhaft die Dynamik von aufkommenden und vergehenden Versprechen an.

Eine besondere Möglichkeit, die Befindlichkeit einer jeweiligen Gesellschaft auszuloten, ist, zu schauen, welche Drogen hier *en vogue* sind. Die Rauschmittel, die wir in einem bestimmten Zeitgeist bevorzugen, sagen sehr viel darüber aus, wie es uns geht und wonach wir uns sehnen. Daher unterscheiden wir bei der folgenden Zeitgeistreise die verschiedenen Epochen nach den bevorzugten Rauschmitteln der jeweiligen Zeit.

Zeitgeist-Ära «LSD»

In der zweiten Hälfte der 1960er-Jahre wurde in einer kleinen Nische in San Francisco ein neues antibürgerliches und pazifistisches Fieber geboren. Mit der Idee von «Love, Peace and Harmony» hatte eine kleine Gruppe von sogenannten «Hippies» den Nerv der Zeit getroffen.

Das enge Wertesystem der 50er und frühen 60er Jahre hatte seine Zugkraft verloren und als Orientierung ausgedient. Die Defizite waren offensichtlich geworden, und die neuen Bedürfnisse und Sehnsüchte gingen in Richtung Kommune und Selbsterfahrungs-Trips in Indien und Ibiza.

Dort durfte man sich nach Herzenslust ganz selbst erfahren und bei subversiven Gurus wilde Therapie-Methoden wie Schreien und Ausdruckstanz ausprobieren. Derlei Verhalten hätte einem noch in den 50er Jahren die Einweisung in ein Irrenhaus garantiert.

Filme, Bücher, Musik, berühmte Festivals und politische Ideen wurden von diesem neuen Virus des Geistes inspiriert und erhoben das Ideal von Flower Power zum neuen Zeitgeist-Status. Diese Entwicklung setzte bald über den Atlantik über und eroberte auch in Europa sämtliche Lebensbereiche als neues Versprechen für ein gelungenes Leben.

Egal, ob Sie damals zur Zeitgeist-Spitze gehörten oder nur ein bisschen mitgemacht haben, eine Schlaghose und längeres Haar waren auf jeden Fall ein Muss. So ein paar Insignien des Zeitgeists waren wichtig, um am neuen Geist teilzuhaben und nicht ganz aus der wohlwollenden Aufmerksamkeit der anderen herauszufallen.

Das bewusstseinsverändernde Rauschgift «LSD» war in den 70er Jahren die Droge der Stunde. Psychedelische Visionen und Selbst-Entgrenzung waren nach dem vorangegangenen Zeitgeist mit seinen starren Strukturen und engen gesellschaftlichen Erwartungen das herbeigesehnte Gefühl.

Stellen Sie sich einmal vor, Sie sind high, tanzen seit zehn Jahren auf einer Blumenwiese und predigen «Love, Peace and Harmony». Wie geht es Ihnen? – Was, Sie haben keine Lust mehr? Sie wollen etwas Neues, etwas mit ein bisschen mehr Struktur, aber nicht so wie damals, irgendwie anders? Sie wollen nicht mehr mit dem Kopf in den Wolken tanzen, sondern sehnen sich nach etwas mehr Halt und Orientierung, die aber nicht Ihre neue Freiheit beschneidet? Wenn das Ihr neues Bedürfnis ist, dann sage ich nur: Willkommen in den 80er Jahren.

Zeitgeist-Ära «Kokain»

Die Zeitgenossen hatten die Süße der Freiheit gekostet, nun war ihnen ein bisschen schlecht, und die ganze Gesellschaft war reif für eine neue Idee. Das Meta-Konzept von «Selbst-Entgrenzung» war gesättigt, und man verlangte nach klaren Ansagen, aber ohne zu den alten starren Werten zurückkehren zu müssen. Ein Zurück ist in der Zeitgeist-Dynamik sowieso unmöglich. Dadurch, dass sich die gesamten Umstände immer weiter verändern, kann das Alte immer nur partiell reintegriert werden.

Der Zeitgeist der 80er Jahre hatte die an ihn gestellten Anforderungen ganz wunderbar gelöst. Eine neue Struktur wurde schnell gebildet, und es schlug die Stunde für das Lifestyle-Diktat.

Marken und Labels entwickelten eine neuartige Dominanz über unsere Wahrnehmung und nahmen den strengen Orientierungsplatz von Normen und Moral ein. Die Modemarken «Boss», «Versace», «Marco Polo», «Fruit of the Loom» und Co. haben mit Style und Marketing einen klaren Look kreiert, wie das neue gelungene Leben auszusehen hatte. Und unser Struktur-hungriges Selbst identifizierte sich bereitwillig damit. Der Markt war begeistert und befeuerte diesen Lifestyle, bis wir es schon bald mit einem richtiggehenden Markenterror zu tun hatten.

Die Markenwelt entschied darüber, was in oder out war. Sie prägte den neuen Zeitgeist-Filter von Richtig und Falsch und beeinflusste so unsere Voreinstellung gegenüber unserer Umwelt und unseren Mitmenschen.

Wer nicht in der richtigen Jeans auf dem Schulhof stand, konnte schnell aus den Themen Zugehörigkeit und Anerkennung rausfallen.

Neben dem Modediktat entwickelten sich klare Vorstellungen davon, wie der Körper unter den Designer-Outfits am besten auszusehen hatte: in Fitness-Studios gestählt und dann im Solarium tiefengebräunt. Beide Geschäftsmodelle wurden in den 80er Jahren zum Massenphänomen.

Shoppen, also der Konsum von Markenartikeln, wurde zur Freizeitbeschäftigung Nr. 1, und der Aufenthalt in großen Einkaufszentren zur Status-Sache. Materialistische Ideale wurden bald höher angesehen als «Love, Peace and Harmony», und neue Vorbilder betraten die Zeitgeist-Bühne.

Der große Moment für Gordon Gekko, den Finanzhai aus dem Film «Wall Street». Er verkündete vollmundig, dass Gier eine gute Sache sei, und erntete damit Kultstatus.

Das Thema «Weltfrieden» war eindeutig passé, jetzt ging es um den kapitalistisch orientierten Erfolgsmenschen, den sogenannten «Yuppie».

Der Wandel begründete eine neue Leitkultur und mit ihr ein klar strukturiertes Lifestyle-, Marken- und Konsumdiktat: das neue Versprechen vom gelungenen Leben. Die Popper fanden es super, die Punks wetterten dagegen, die Polizisten aus der TV-Serie «Miami Vice» trugen Armani-Klamotten, und wir schauten die Seifenopern «Dallas» und «Denver Clan».

Mit LSD kam man in den 80er Jahren nicht weit. Fürs Tanzen auf der Blumenwiese gab es keine Anerkennung mehr. Die Droge «Kokain» traf da eher den Nerv der Zeit. Das Selbstbewusstsein ging durch die Decke, der Leistungs-Antrieb wurde grenzenlos, und sofort fühlte man sich dem Erfolg näher. Kokain wurde das Schmiermittel für die Leistungsgesellschaft.

In nur wenigen Jahren hatte sich die emotionale DNA der Gesellschaft komplett gedreht. Die Kultfigur Gordon Gekko hätte nur ein müdes Lächeln für Flower Power übrig gehabt. Dabei war es noch gar nicht lange her, dass man mit einem Peace-Zeichen auf dem T-Shirt Erfolg bei Frauen hatte. Doch nun versprach der teure Anzug: «Alles wird gut.»

Jetzt machen Sie im Geiste diesen Zeitgeist mal zehn Jahre lang mit. Sie haben sich an die strengen Vorgaben der Markenwelt gehalten. Ihr Körper ist eine Mischung aus Sylvester

Stallone und Arnold Schwarzenegger, und als Frau haben Sie zu den Fitness-Videos von Jane Fonda geschwitzt. Wenn Sie vor Ihrem Kleiderschrank stehen, machen Sie keine Experimente, sondern halten sich folgsam an die Style-Maßgaben Ihrer Lieblingsmarke.

Inzwischen haben Sie eine Menge 80er-Statussymbole angehäuft, jedenfalls, wenn Sie kein Punk sind. Und Ihre Umwelt konnte immer schnell und sicher erkennen, dass Sie ein Zeitgeist-Gewinner sind. Das war jetzt eine ganze Weile ein gutes Gefühl.

Wie geht es Ihnen jetzt? Vielleicht sind Sie es langsam leid, dem herrschenden Lifestyle-Diktat Gehorsam zu leisten?

Irgendwie war es auf Dauer unbefriedigend, wieder nur dem zu folgen, was eine schwer greifbare Obrigkeit sagte. Der Selbstausdruck fehlte. Er fehlte so sehr, dass wir wieder bereit waren, Raum und Zeit für eine neue Idee der Freiheit zu öffnen. Das Reich der strengen Marken-Herrschaft fing an zu bröckeln, und wir versuchten uns als Individualisten.

Zeitgeist-Ära «Ecstasy»

Das Zeitgeist-Rad von Mangel und Begehren war wieder dabei, sich zu drehen, und aus der Nische heraus entwickelte sich in den 90ern eine neue Idee, ein neues Fieber – die urbane kreative Klasse.

Ihr Anspruch an das Leben war individualistisch. Sie hatten kein Interesse mehr am Markenterror. Ihr Erfolgsthema hieß «Selbstdesign».

Sie waren Mitbegründer der «New Economy» und machten die Marke Apple zum Status-Symbol der freien Kreativen. Zu teuren Anzügen trugen sie einfach Turnschuhe und wurden zu den neuen Influencern im florierenden Mediengeschäft. Von dort aus wuchs ihr Status und wurde Teil des neuen Zeitgeists.

Dieser eroberte langsam alle Lebensbereiche, sickerte in unser kollektives Unterbewusstsein und veränderte dort unser Denken, Handeln und Fühlen.

Man kündigte seine Markentreue auf, mixte Gucci- mit H&M-Klamotten und machte Aldi-Artikel salonfähig. Hauptsache, man umgab sich mit der Aura der Selbstwirksamkeit, und dafür war jeder Stilbruch recht. Individual-Sportarten wurden hip, und wer seine Nase nicht mochte, machte eine Schönheits-OP, denn «So wie es mir gefällt» war das neue Leitthema.

Eine neue Musik- und Clubszene etablierte sich, in der DJs den passenden Klang designten und jeder trancehaft um sich selber kreisen durfte. Die «Loveparade» zog Millionen von Menschen an, und die Techno-Masse tanzte für den individuellen Selbstausdruck.

Selbstverwirklichungs-Garantie suggerierten die neuen Status-Jobs in den unzähligen Medien-Agenturen, die wie Pilze aus dem Boden schossen. Wer «AD» oder «CD» (Art Director oder Creative Director) wurde, hatte es geschafft.

Einfach nur zu konsumieren, war jetzt keine Leistung mehr. Bewundert wurde Kreativität. Alles, was einen Design-Anspruch vorzuweisen hatte, bekam die positive Aufmerksamkeit. Das galt für uns selbst und für die Dinge, mit denen wir uns umgaben.

Das Unternehmen «Alessi» schaffte es in dieser Zeit, an unzählige Haushalte eine Designer-Zitronenpresse in Raketen-Spinnenform mit fragwürdiger Funktionsfähigkeit zu verkaufen. Doch wer diese in der Küche stehen hatte, verströmte Zeitgeist-Expertise. Als der Designer-Markt langsam gesättigt war, machte Alessi sich auf die Suche nach noch uneroberten Lebensbereichen und designte den ersten WC-Stein in Form eines Windsurfers.

Tag und Nacht gaben wir alles für die erfolgreiche Selbstverwirklichung. Auch der Staat wurde von diesem Geist ergriffen und führte die Ich-AG ein. So wurde ein gesellschaftlicher Rahmen geschaffen, in dem Einzelunternehmen und berufliche Selbständigkeit neue Chancen und Anerkennung bekamen.

Eigeninitiative und Kreativität standen hoch im Kurs und wurden gefördert. Dieser Anspruch ließ uns nach kreativen Höhenflügen suchen, und wer dabei Unterstützung brauchte, griff zu den neuen Designer-Drogen wie Ecstasy, die den Schöpfungsdrang beflügelten.

Doch bald mussten wir uns eingestehen, dass Selbstverwirklichung nicht nur Originalität, sondern auch Durchhaltevermögen braucht. Denn langsam ging uns die Puste aus. Ganz schön anstrengend, alles individuell zu gestalten und auf der Zielgeraden zu bleiben! So langsam merkten wir, dass die Ich-AG kein Sprint, sondern ein Marathon war. Die ersten Psychologen schlugen schon Alarm und sprachen vom erschöpften Selbst.

Es dämmerte uns langsam, dass wir nur nachhaltig erfolgreich waren, wenn wir unsere individuellen Ressourcen schonten und diese nicht unkontrolliert auspowerten.

Und was machte der Zeitgeist?

Er winkte mit Entspannung.

Zeitgeist-Ära «Wellness»

Um die anstrengende Pionierarbeit am Selbst zu kompensieren, waren wir bereit, auf die nächste Welle aufzuspringen.

Diese hatte den klangvollen Namen «Wellness». Mit weiteren verwandten Erfolgsthemen im Gepäck, wie Balance, Bio und Nachhaltigkeit, versprach sie, unsere Ressourcen zu schonen und zu unterstützen. Wellness ist zwar keine Droge im klassischen Sinne und auch nicht illegal, repräsentiert aber in dieser Ära das aktuelle Sehnsuchtsgefühl.

Die Industrie war glücklich, uns in diesem Bedürfnis wieder zur Seite zu stehen. Wie im Sturm eroberte Wellness alle unsere Lebensbereiche.

Auf einmal war alles in Balance, vom Duschgel bis zum Kaugummi. In allem war die Extra-Portion Entspannung enthalten. Mit der richtigen Frühstücks-Margarine kam man in Balance, und sogar Kaffee gab es mit ausbalanciertem Koffein ... Was immer das sein sollte, aber das Marketing hatte den Zeitgeist verstanden. Selbst die Autoindustrie dachte darüber nach, wie das Zuschlagen von Autotüren für einen entspannten Augenblick klingen sollte.

Unsere Badezimmer verwandelten sich in Wellness-Tempel mit Duftkerzen in neuen, entspannenden Duftnoten wie

«Ylang-Ylang» und «Patschuli». Und Yoga wurde zum Massenphänomen. In den 80er Jahren undenkbar – Gordon Gekko auf der Yogamatte?

Damit wir auch mal spontan zwischendurch in Balance kamen, öffneten die Coffee-Shops ihre Türen. Diese neuen sogenannten «Third Places» («First Place» war das Zuhause, «Second Place» die Arbeit) luden uns ein, in Lounge-Atmosphäre zu verweilen, zu genießen und – wenn wir wollten – dabei zu arbeiten. Ganz entspannt, versteht sich.

Die neue Leitkultur eroberte die Musik- und Clubszene und schuf Wellness-Oasen in unseren Wohnzimmern und Balkonen. Das «Daybed» wurde uns allen in diesem Lifestyle ein Begriff, und wir betrachteten das Entspannen darauf nicht mehr als Absage an die Leistungsgesellschaft, sondern als eine willkommene Ressourcen-Ladestation auf dem Weg zur Selbstverwirklichung.

Die neue Nachhaltigkeit, die wir unseren körperlichen und geistigen Ressourcen angedeihen ließen, übertrug sich auch auf die Ressourcen um uns herum.

Wir begrüßten den ganzheitlichen Ansatz, dass nicht nur wir selbst entspannen sollten, sondern auch die Lebensmittel, die wir zu uns nahmen. Wir waren nun im großen Stil bereit für Bio und Co.

Bio und Nachhaltigkeit waren für andere Zeitgeist-Teilnehmer natürlich nicht neu. Schon länger hielten «Grüne Läden» eine Nische besetzt und bedienten mit ihrem Sortiment die Speerspitze der Bewegung, bevor sie hip wurde. Doch nun war die Zeit reif geworden, gesunde Lebensweise einer größeren Zielgruppe anzubieten. Schnell wurden die etwas unsexy wirkenden Produkte schick verpackt und neu präsentiert.

Man konnte sich eine Menge Zeitgeist-Status erwerben, wenn man auf die klassischen Industrie-Produkte verzichtete, beziehungsweise es sich leisten konnte, die als «organisch» angepriesenen Sachen zu kaufen. Schließlich verstand man dann etwas von glücklichen Hühnern und gestressten Äpfeln.

Der «Organic Hipster» mit internationaler Yoga-Erfahrung war wohl in dieser Zeit the sexiest man oder die sexiest woman alive. Nicht zuletzt, weil auch internationale Top-Models sich dem neuen Ideal verschrieben hatten.

Selbst die beiden großen Mächte Politik und Geld wurden jetzt irgendwie Bio und damit grün. Die Partei «Bündnis 90/Die Grünen» war 1998 bis 2005 in einer rot-grünen Koalition erstmals an der Bundesregierung beteiligt, und der Finanzsektor versuchte, mit Nachhaltigkeits-Aktien Investoren anzulocken.

Wenn ich heute in einen Bio-Supermarkt gehe, staune ich über den ausdifferenzierten Markt, den das Thema in den letzten Jahren kreiert hat. Das Verpackungsdesign und die Inhaltsversprechen spielen gekonnt mit unseren aktuellen Filtern und lösen sofort dieses gute Zeitgeist-Gefühl aus. Kaum ein Zeitgeist-Teilnehmer, der nicht intuitiv denkt, dass ein bisschen vegan nicht schaden könnte – und deshalb auch mal zum entsprechenden Produkt greift.

Ähnlich muss es ausgesehen und sich angefühlt haben, als sich in den 1960ern die industriell gefertigten Nahrungsmittel erstmals im Zeitgeist austoben durften, nur eben mit einem anderen Vorzeichen.

Alles in allem waren wir an dieser Stelle ziemlich weit gekommen im Prozess der allgemeinen Individualisierung. Die Zeitgeist-Ären von LSD, Kokain, Ecstasy und Wellness hatten uns erfolgreich auf die Themen Konsumfreude, Selbstwirksamkeit und Nachhaltigkeit trainiert. Die dazugehörigen Filter und Versprechen hatten sich tief in unser Bewusstsein und Unterbewusstsein eingegraben.

An diesem Punkt rollte auch schon die nächste Zeitgeist-Welle auf uns zu. Ihr Vorzeichen war Selbst-Optimierung, was eigentlich auch der nächste logische Schritt war nach all der Arbeit, die wir schon an unserem Selbst geleistet hatten.

In der Ära «Wellness» wäre Superfood allerdings noch kein Thema gewesen – viel zu fordernd. Wir waren doch gerade dabei, es erst einmal langsam angehen zu lassen.

Was war also passiert? Während wir uns noch entspannten und dachten, das könnte jetzt ewig so weitergehen, kündigte sich eine neue Spezies am Zeitgeist-Horizont an. Kaum jemand hatte ihnen bis jetzt Beachtung geschenkt, geschweige denn sie mit Aufmerksamkeit, Status und Sexappeal verwöhnt. Doch ihre Zeit war gekommen, und ausgerechnet sie brachten die Selbst-Optimierung mit in unsere Welt-Zeit.

Zeitgeist-Ära «Ritalin»

Es schlug die Stunde der Nerds. Die Einzelgänger im stillen Computer-Kämmerlein machten sich jetzt auf, im Zeitgeist-Status ganz nach oben zu klettern und Multimillionäre zu werden.

Ihr Erfolgsthema: Sie entwickelten eine geniale neue Vertriebs-Struktur für unsere Selbstverwirklichung.

Mit Youtube, Myspace und Co. machten sie eine ganz neue

Reichweite für unser Selbst möglich. Und das Allerbeste, sie schleusten unseren Selbstausdruck in Form von Musik, Kunst, Kuchenbacken etc. an den bekannten Bewertungs-Instanzen vorbei. Einer Band konnte es auf einmal egal sein, was ein Plattenlabel über sie dachte. Auf Myspace konnten sie der Welt von sich erzählen, ohne zwischengeschaltete Qualitäts-Institution. Und siehe da, auf einmal brauchte es diese Institutionen nicht mehr, denn die Fans kamen auch so, und die Musik verkaufte sich über ganz neue Vertriebswege.

Facebook folgte, und Marc Zuckerberg wurde vom Nerd zum Coverboy. Die Innovationen der neuen IT-Millionäre standen für eine neue Form der Intelligenz. Sie erschufen digitale Welten, die alles auf verblüffende Weise anders und einfacher machten. Daraus folgte, dass jetzt irgendwie alle intelligenter werden wollten, was unter anderem zum großen Verkaufserfolg von Dr. Kawashimas Videospielreihe «Gehirn-Jogging» führte.

Die Frühstücks-Margarine, die eben noch mit Balance geworben hatte, warb nun mit dem Versprechen, dass das Gehirn durch den Verzehr des Brotaufstrichs auf Vordermann gebracht werden konnte, und hieß ab sofort nicht mehr «Balance», sondern «Idee».

In den USA dachte man darüber nach, Frühstücksflocken mit Ritalin zu versetzen, einer Droge, die nachweislich hilft, sich besser zu konzentrieren und zu lernen.

Denn extrem schlaue Kinder – das wollten jetzt alle. Daher wurden Kindergärten auch in «Kinder-Akademien» umbenannt, und im Fernsehen boomten die Wissens-TV-Sendungen. In L.A. wurden Matheprofessoren wie Rockstars gefeiert und referierten in ausverkauften Stadien.

Damals öffnete das Institut «Brainlove» seine Türen extra für Intelligenz-hungrige Zeitgeist-Teilnehmer. Dort konnte man sich ein persönliches Neuro-Feedback abholen, um genau zu verstehen, wie man sein Gehirn zu pflegen hatte für die optimale Nutzung. Seine Kinder brachte man zu diesem Zweck in den «Baby-Brain»-Spa. Hier wurden ihre neuronalen Netze optimal gefördert, damit es später mit der IT-Karriere klappte.

Neue Produkte kamen auf den Markt. Von Memory-Drinks bis Intelligenz-Wasser wollten uns alle bei der Jagd nach mehr Intelligenz unterstützen. Wer mittlerweile eine Nerd-Brille auf der Nase trug, vermittelte spontan Hoch-Intelligenz und damit Zeitgeist-Status. Megaschlau zu sein war sexy, und das machte auch vor Hochglanz-Werbung nicht halt: Models trugen nun allerorts Nerd-Brillen.

Die Nerd-WG-Serie «The Big Bang Theory» wurde zum Hit, und in Romanen und Filmen ging man vermehrt der Frage nach, wie wir unser Gehirnpotenzial bis zu 100 % nutzen können. Neue sogenannte «Brain-Enhancing»-Drogen waren in der Regel das Mittel der Wahl, und die Wissenschaft machte sich auf, daran mit Hochdruck zu forschen.

Der riesige Innovations-Bedarf im IT-Sektor konnte aber auf diese Drogenforschung nicht warten, und man holte sich hochbegabte Autisten und andere Ausnahme-Gehirne an Bord, um sie in Innovations-Workshops einzubinden.

Die neue Technologie trieb diesen Zeitgeist weiter voran, und «Disruptive Technologie» wurde zum neuen Schlagwort. Damit waren Innovationen gemeint, die eine bestehende Technologie, ein bestehendes Produkt oder eine bestehende

Dienstleistung möglicherweise vollständig verdrängten. Wer solch einen Erfolg für sich verbuchen konnte, war ganz weit vorne im Zeitgeist von «Intelligenz ist sexy und das vor allem dann, wenn sie disruptiv ist».

Das Ergebnis ist bekannt: Der größte Wissensanbieter hat keine Bücher mehr: Wikipedia. Der größte Kommunikationsanbieter hat keine Telefone mehr: Skype. Der größte Übernachtungsanbieter hat keine Hotels mehr: Airbnb. Wer Geld braucht, geht zum Crowdfunding und nicht mehr zur Bank, und wer die Liebe sucht, hofft auf einen von Algorithmen selektierten Match und nicht mehr auf den Zufall in Bars oder analogen Zeitungsannoncen.

Die Firma «Holacracy» will gleich ganz disruptiv den ganzen C-Level in Unternehmen abschaffen. Wer braucht schon CEOs (Firmenchefs) und CFOs (Finanzchefs), wo es doch jetzt den hochentwickelten und Intelligenz-verbesserten Zeitgeist-Mitarbeiter gibt? Die Arbeit wird in sogenannten «Projekt-Teams» organisiert. Diese Teams sind komplett selbstorganisiert und treffen ihre eigenen Entscheidungen. Davon verspricht man sich sinnvollere Maßnahmen für das Unternehmen und eine höhere Bereitschaft für Wandel und Veränderung. Jeder Mitarbeiter wird auf diese Weise in seinen Fähigkeiten gestärkt und gefördert und kann sein ganzes Potenzial zur Entfaltung bringen – so der Plan.

Das klingt im ersten Moment vielleicht wie entfernte Zukunftsmusik, aber das Meta-Konzept des Abschaffens oder zumindest des Durchlässiger-Machens von Hierarchien ist bereits in der aktuellen Lebenswirklichkeit angekommen.

Und vielleicht sind Sie selbst schon ein wenig Mitglied von so einem Holacracy-Team geworden, losgelöst von einer Industrie-Hierarchie, bevollmächtigt, das eigene Ding zu machen und den Wandel voranzutreiben? Vielleicht haben Sie schon mal im Kleinen gedacht, dieses oder jenes Produkt könnte *ich* eigentlich besser selbst und vor allen Dingen anders machen? Denn so geschieht es vielfach gerade in unserer Zeit.

Eine neue Generation von Kunden macht sich auf und entwickelt ihre eigenen Turnschuhe, Schulen, Make-ups, Müslis, Colas, Universitäten. Wenn die Institution und die Industrie es nicht so machen, wie es für mich passt, sind sie raus, und ich mache mir mein eigenes Produkt.

Ein IT-Millionär vergab vor einiger Zeit Gründerkapital nur an diejenigen, die sich verpflichtet hatten, kein konventionelles Studium mehr zu absolvieren.

Und das sind die Geschichten, die wir im Augenblick lieben: Wenn eine angebliche Markthoheit einer Firma oder Branche von einem einzelnen visionären Kunden disruptiv angegriffen wird.

Ein Zeitgenosse sucht nach dem perfekten Turnschuh, findet ihn aber trotz des extrem ausdifferenzierten Angebots gerade nicht und beschließt mit ein paar Freunden, einfach seinen eigenen Turnschuh zu machen. Der Legende nach hat sich das Team dann leidenschaftlich und intensiv mit der Kunst des Turnschuhmachens beschäftigt und hat dem ganzen Prozess noch ein paar Zukunftszutaten wie bionische Materialien und Funktionsweisen hinzugefügt. Das Ganze geht dann in die Sozialen Medien, und alle sind begeistert, weil

die Geschichte von der Markt-Rebellion bei den Kunden Zeit-
geist-basierte Zustimmung auslöst.

Ähnlich ist es in Hamburg mit der *Premium*-Cola passiert.
Der Gründer liebte eine bestimmte Cola einer bestimmten
Marke. Diese änderte die Rezeptur der Cola, und besagter
Kunde wollte dem Hersteller Bescheid geben, dass sein Produkt ihm jetzt nicht mehr schmeckte. Die Firma war aber für
den Kunden in dieser Angelegenheit nicht zu sprechen, und
so beschloss der Kunde einfach, seine eigene Cola zu pro-
duzieren.

Mit viel Leidenschaft und Pioniergeist stürzte er sich in das
Erschaffen seiner Cola und baute eine Firma auf, die ohne
Hierarchie auskommt und strukturell alles ganz anders macht
als die bekannten Institutionen.

Und wir Zeitgenossen sind begeistert und trinken mit jedem dieser Softdrinks die neue Status-Legende gleich mit.

Also, scheuen Sie sich nicht, Ihr Ding zu machen. Auch
wenn Sie es nur laut denken, die Anerkennung ist Ihnen im
Moment sicher.

Vergessen Sie einmal kurz die Angst, vielleicht nur mithalten zu können, wenn Sie ausreichend Ritalin nehmen. Im Gegenteil: Selbst wenn Sie erstmal scheitern, ist das heute kein
Problem. Der Zeitgeist ist auf Ihrer Seite und hat Scheitern
schon als positive Erfahrung in der Start-up-Szene umgewer-
tet. Sofort erschienen spezielle Magazine zu dem Thema, Bücher wurden geschrieben und Ausstellungen kuratiert.
«Scheitern gehört zum Prozess der Selbstwirksamkeit eben
dazu», so die Devise. «Das nächste Mal klappt es bestimmt»,
flüstert Ihnen der Zeitgeist zu.

«Schon eine grobe Skizze der jüngsten Geschichte zeigt, dass die jeweilige Zeitenwende kein Problem damit hat, uns in relativ schneller Folge mit genau dem Gegenteil dessen zu verführen, was gerade noch ein ‹Must-have› gewesen ist.»

Kapitel 6

Das Neue kommt in die Welt

Im Zeitgeist «Ritalin» geht es also nicht nur darum, das eigene intelligente Potenzial zu entdecken, sondern es auch noch umsichtig zu fördern und zu fordern. Unser individuell hochgerüstetes Selbst-Konzept ist so sehr gefragt, dass wir in der Idee von der Selbstoptimierung voll angekommen sind.

Und so wundert es nicht, dass hochbegabte «Self-Tracker» in Form von Selbstoptimierungs-Technologie jetzt auf uns aufpassen. Sie können alles messen, alles testen, und sagen uns dann, wann unser Herz danebenschlägt, wann wir traurig oder wann wir durstig sind.

Wer heute seinen Körper und seine Intelligenz nicht zeitgemäß im Griff hat, ist selbst schuld. Sein ganzes Potenzial nicht entfalten? Krank werden? Oder gar sterben? Das ist heute schon von gestern.

Die IT-Visionäre sind daher gerade dabei, das Leben vom Zufall und vom Schicksal zu entkoppeln: Für jeden Plan und für jedes Problem gibt es eine digitale Lösung, gibt es «Big Data» (Technologien zur Verarbeitung und Auswertung riesiger Datenmengen), gibt es Algorithmen, künstliche Intelligenz und Sensoren für die messbare Kontrolle. Die Zeitgeist-

Teilnehmer schwärmen in Goldgräber-Stimmung aus, um überall neue Selbstoptimierungs-Potenziale zu finden und zu vermarkten: im Silicon Valley, in Indien, in Tel Aviv oder Berlin.

Vielleicht machen Ihre emotionalen Grundbedürfnisse bei diesen Themen aktuell keine Luftsprünge, und manchmal fühlen Sie sich schon etwas überfordert von diesem Fieber. Doch ich wette, das Meta-Konzept der Selbstoptimierung hat sich auch schon in Ihrem Leben oder dem Ihrer Lieben etabliert: Vielleicht kennen auch Sie schon jemanden, dessen App ihm Bescheid gibt, wann er das Fenster zu öffnen hat, damit im Zimmer die Luftqualität wieder optimal ist? Oder Sie selbst sind dabei, Ihr Schlafverhalten lückenlos zu dokumentieren, um Optimierungs-Möglichkeiten auszumachen …

Wenn wir uns jetzt also mit einem gewissen Augenzwinkern anschauen, wo die Reise noch hingehen könnte: Entspannen Sie sich schon mal bei dem Gedanken, dass Sie vielleicht irgendwann transhuman sein müssen und mit einem künstlichen Exoskelett zum Sport gehen werden, das Sie optimiert.

Es wird auch nicht so schlimm sein, wenn Ihre Ur-Enkel Ihr Bewusstsein zu Weihnachten von der Festplatte ziehen. Auch an das selbstfahrende Auto werden Sie sich gewöhnen. Eigentlich ging man ja davon aus, dass wir alle in Zukunft mit dem Auto eher fliegen, als es sich selbst fahren zu lassen. – Zumindest bleiben Sie jetzt auf dem Boden.

Es ist schon bemerkenswert, was für eine Kulturleistung wir vollbringen. Nicht nur Selbsterfahrung, unbegrenzter Konsum oder Selbst-Design liegt in unserer Macht, sondern auch die Erschaffung von ganz neuen Welten ist uns erlaubt, ja das wird sogar gewünscht. Keine weltliche Macht, kein König, kein Politiker, keine Institution und keine Hierarchie kann den Zeitgeist-Gewinner davon abhalten, seine Produkte, sein Familienmodell, sein Selbst-Konzept, seine ganze Welt individuell zu erschaffen – wenn der Markt und die Gesellschaft es annehmen, auch sanktionsfrei!

In diesem historisch einmaligen Zeitgeist wartet bei so viel abweichendem Verhalten keine Hölle mehr auf den Zeitgenossen. Er wird auch nicht von der Gesellschaft verstoßen oder Spott und Hohn ausgesetzt.

Bleibt wie gesagt die Frage, wo das alles hinführen kann. Bei der Ableitung von Hypothesen gilt es dabei, so manchen Fallstricken zu entgehen.

Exkurs 1: Die Gefahr des Linearen Denkens

Wenn Sie also über die Zukunft nachdenken, möchten Sie gerne vorbereitet sein. Vielleicht nehmen Sie zu diesem Zweck ein Buch in die Hand, auf dem steht: «Wie wir in 50 Jahren leben werden». Es gilt, sich zu informieren, wie es mit Robotern, neuronalen Netzwerken und künstlicher Intelligenz weitergeht.

Und dann lesen Sie, wie Ihre ganze Welt bis in den kleinsten Winkel davon betroffen sein wird. Es gibt kein Entkommen, und die Möglichkeiten sind grenzenlos.

Meist gründen die Thesen auf ein paar Hauptthemen, welche die Gegenwart gerade sehr beschäftigen, wie im Augenblick zum Beispiel die digitale Revolution. So ein Hauptthema wird dann linear weitergedacht, als würde es sich ohne neue Impulse oder andere Einflüsse einfach ungestört und stetig weiterentwickeln. Das bedeutet, wenn die Kühlschränke heute selbständig einkaufen können, dann kann die Einkaufstüte bald selbst bezahlen, und das selbstfahrende Auto holt die Einkäufe eigenständig ab.

Weil unsere Geräte heute immer selbständiger werden, denken wir uns ein Szenario aus, in dem alle Gerätschaften unseres Lebens selbstmächtig handeln werden – und voilà – da haben wir unsere Zukunft.

Die Argumentation folgt oft dem Muster, dass das, was uns jetzt schon umtreibt, uns in Zukunft noch viel mehr umtreiben wird.

Vielleicht wird es so kommen. Vielleicht aber auch nicht. Wer weiß das schon? Denn Zukunft entwickelt sich nicht linear, sondern dynamisch, mitunter disruptiv.

Und in dieser Dynamik spielen immer extrem viele unterschiedliche Parameter mit hinein, die links und rechts von den aktuellen Hauptthemen auftreten: unvorhergesehene Innovationen, emotionale Defizite der Zeitgeist-Teilnehmer, Krisen, Müdigkeit vom Hype, Umweltthemen und vieles mehr. Diese Parameter gehen dann Wechselwirkungen miteinander ein, und das Zeitgeist-Rad von Mangel und Begehren dreht sich noch dazu.

Spätestens jetzt wird jede lineare These gesprengt.

Im Folgenden habe ich zur Veranschaulichung ein Szenario entwickelt, wie sich die Zukunft entwickeln könnte, wenn man – unter Berücksichtigung von heute erkennbaren Marktkräften und Mustern – ein paar aktuelle Hauptthemen zwar linear, aber doch mit einem Schuss Dynamik in die Zukunft denken würde.

Wenn wir die Themen Ernährung, Selbst-Optimierung, Big Data, Achtsamkeit und den Nachhaltigkeits-Gedanken in die Zukunft hochrechnen, könnten wir alle alsbald Scheckheft-gepflegte Körper haben. Das ist natürlich teuer, und die Krankenkassen verlangen von uns eine große Sorgfalt im Umgang mit unserem Körper, wenn wir die neuen Möglichkeiten wie DNA-Verbesserung und Co. von ihnen subventioniert bekommen wollen.

Der Arbeitgeber gibt schon längst etwas dazu, weil die gesteigerten Leistungsmöglichkeiten ja dem Unternehmen zugutekommen und für die Zeitgenossen schon längst keine Frage der Freiwilligkeit mehr sind.

Superfood, jetzt auch DNA-verbessert, ist, seitdem die Unsterblichkeits-Partei an der Macht ist, Pflichtnahrung an den Schulen. Unsere Fitness-Tracker sind mittlerweile ausgewachsene künstliche Intelligenzen, die jeden Tag eine lückenlose Bilanz unserer Bio-Tages-Daten an das neue Ministerium für Volksgesundheit senden.

Falls wir psychische oder gesundheitliche Probleme bekommen oder jemand in unserem Umfeld erkrankt, werden alle relevanten Daten von uns und anderen im Musterabgleich gescannt. So werden in Zukunft ganzheitliche Prognosen mit erstaunlichen Resultaten erstellt.

Bei einem Mann, der an Krebs erkrankt ist, hat man herausgefunden, dass seine Frau ihm seit Jahren in allen möglichen Varianten jeden Tag vermittelt, dass er nicht ihren Vorstellungen entspricht. Seine Zellen haben auf diese ewige Spannung, nicht ihren Erwartungen zu genügen, mit Entartung reagiert. Signifikant war, dass alle Menschen, die mit der Frau regelmäßig in Kontakt standen, große oder kleine Beschwerden hatten. Sie bekamen Kopfschmerzen, Heißhunger auf Zucker oder wurden dabei beobachtet, wie sie apathisch aus dem Fenster schauten.

Die Frau wurde als Gesundheitsproblem identifiziert und in ein Programm gesteckt, das aus Ernährung, Fitness und Achtsamkeits-Training besteht, um ihre Selbstwirksamkeits-Bilanz zu steigern. So therapiert wurde sie wieder in ihr Umfeld gesetzt, und allen ging es besser.

Auf diese Art hatte die Gesellschaft eine noch nie dagewesene fantastische Gesundheits- und Wohlbefinden-Bilanz. Nicht nur die bereits bekannten Ursachen für Krankheiten wie falsche Lebensweise und Umweltgifte können ermittelt werden, sondern ganz neuartige kausale Mustererkennungen sind jetzt möglich. Die gesamte Umwelt kann jetzt in ihren verborgenen Wechselwirkungen gescannt und ausgewertet werden.

So mancher Schüler freut sich über den Befund, dass der Mathelehrer nachweislich an seiner Aufsässigkeit zuhause schuld ist.

Das Leben wird immer ausbalancierter. Jede Störung wird als gesundheitsgefährdend identifiziert und unschädlich gemacht. Wer versucht, auf Kosten anderer seine Probleme zu pflegen, wird zwangstherapiert. So mancher Politiker geht mit gutem Beispiel voran, weil er sonst befürchten muss, nicht mehr tragbar zu sein.

Die Weltgesundheitsorganisation «WHO» hat die Big-Data-gestützten Achtsamkeits-Therapien in ihr internationales Krisenmanagement aufgenommen. Argumentativ wird dieses Vorhaben von der Mars-Kolonie unterstützt. Die baut ihre neue Gesellschaft gerade streng nach den Achtsamkeits-Regeln auf und lässt das Experiment von Big Data überwachen und auswerten. Die Resultate sind erstaunlich und gelten als das Totschlag-Argument für alle Skeptiker.

Das Leben auf der Erde wird für die meisten enorm verlängert und verbessert. Es wimmelt von extrem hochwertigen Körpern, die auch noch im hohen Alter fantastische Werte aufweisen können. Wer seit dem fünfundfünfzigsten Lebensjahr digital eine «AAA+»-Biobilanz aufweisen kann, darf später in den neuen topmodernen paradiesischen Erholungs- und Altenheimen auf Sri Lanka oder Namibia eine Residenz beziehen. Dort bekommt man ein bedingungsloses Grundeinkommen, kann aber auf Wunsch beruflich tätig sein für den Kompetenzgewinn und die geistige Fitness. Finanziert wird das alles von der WHO und der Firma «HMOS» (High Maintenance Organic Supply, den Bio-Versorgungs-Wartungs-Profis).

In den Altenheimen werden wir als einmaliges Human-Kapital noch mehr gehegt und gepflegt, und zwar mit der Aussicht, nach unserem Ableben als Nachhaltigkeits-Helden gefeiert zu werden.

Eine Studie des Unternehmens hatte zehn Jahre zuvor die Öffentlichkeit dafür sensibilisiert, dass die Bio-Bilanz zwischen unserem massenhaft extrem gesunden Lebensstil und dem damit einhergehenden Ressourcen-Verbrauch von gesunden Lebensmitteln die Erde in wenigen Jahren ruiniert hätte. Man plädierte für eine Superfood-Recycling-Kette, um wirklich alle Quellen zu nutzen, damit das fantastische Wohlergehen der Bevölkerung auch weiterhin auf diesem Niveau zu halten sei.

Da die Menschen die größten Nutznießer von dieser Entwicklung seien und sich prächtig entwickelten, sei es nur logisch, dass sie nach ihrem Tod dieser neuen Recycling-Kette zugeführt werden müssten.

Wissenschaftliche Belege wurden vorgelegt, die bewiesen, dass die Superfood-Qualität von wenigen Gramm DNA-verbessertem Human-Granulat die Gesundheit mehr verbesserte als Chia-Samen, Quinoa und Avocado zusammen. Ganz zu schweigen von der Entlastung für die Umwelt und die Bevölkerung in den Anbaugebieten.

Die Scheckheft-gepflegten, ausbalancierten, mit Achtsamkeit energetisierten und von Big Data durchleuchteten Menschen werden nach ihrem natürlichen Verscheiden schockgefroren, pulverisiert, gereinigt und als Bio-Granulat zu Superfood-Protein-Nahrungsergänzungsmitteln verarbeitet. Allerdings gibt es zwei Preisklassen: «100 % Organic» ist etwas günstiger als «100 % Organic und DNA-verbessert». Die Produktionsstätten befinden sich gleich neben den Residenzen in Sri Lanka und Namibia – für eine gute CO_2-Bilanz.

2071 gewann «HMOS» den großen Nobelpreis für nachhaltige Innovationen.

Sie denken, ich bin verrückt? Sie denken, das wird niemals so kommen? Wahrscheinlich haben Sie recht. Wahrscheinlich wird es nicht so kommen. Wahrscheinlicher ist, dass noch ganz unbekannte Parameter und Wechselwirkungen dieses Szenario durchkreuzen werden.

Und ähnlich ist es auch mit den meisten anderen langfristig angelegten Zukunftsprognosen zu halten.

Exkurs 2: Die Macht von Science-Fiction

Eine wunderbare Inspirationsquelle für Wechselwirkungen von eventuellen Themen und Phänomenen in einer möglichen Zukunft sind Science-Fiction-Filme.

Der Charme von Science-Fiction ist, dass hier aktuelle Themen und Visionen nicht nur strikt linear in die Zukunft vergrößert, sondern die Themen auch in ihren Wechselwirkungen durchgespielt werden. Science-Fiction darf sich per Storytelling anschauen, wie durch die großen Zukunftsthemen das Rad von Mangel und Begehren in Schwung gebracht wird und welche Auswirkungen das auf uns und unsere Gesellschaft haben könnte.

Wenn Sie einen Science-Fiction-Film nicht nur als Unterhaltung begreifen, sondern ihn aufmerksam mit dem Zeitgeist-Blick betrachten, könnten Ihnen wahrscheinlich ein paar interessante neue Geschäftsideen auffallen, die erfolgversprechender sein könnten, als nur den aktuellen Leit-Trends hinterherzurennen.

Der US-amerikanische Sci-Fi-Film «Soylent Green» griff in den 70er Jahren die großen Hauptthemen einer Studie des «Club of Rome» auf, in der es um die Grenzen des wirtschaftlichen Wachstums ging, und spielte sie in Kombination mit anderen Wechselwirkungen durch: Umweltverschmutzung,

Überbevölkerung und Ressourcenknappheit führen in dem Science-Fiction-Film dazu, dass sich eine Klassengesellschaft bildet. Es gibt eine kleine Elite, die viele Privilegien für ein gut versorgtes Leben hat, und eine Unterschicht-Masse, die Hunger leidet und der es am Nötigsten fehlt.

Eine große Firma namens «Soylent» versorgt diese Masse, um den Grundbedarf an Nahrung zu sichern und natürlich auch, um Geld zu verdienen, mit grünen nahrhaften Keksen, die «Soylent Green» heißen. Der Hauptprotagonist des Films, Detective Robert Thorn, findet heraus, dass die Kekse aus Menschenfleisch hergestellt werden.

Gestorben wird unter den neuen grauenerregenden Umständen genug, und warum daraus nicht Ressourcen und ein Geschäftsmodell machen und die Hungrigen füttern?

Klingt unangenehm und unrealistisch?

Und doch kommen Produkte aus solchen Zukunfts-Szenarien manchmal plötzlich auf den Markt: Das Nahrungsmittel «Soylent» gibt es mittlerweile wirklich. Ein IT-Visionär hatte die Idee, unsere Nahrung voll zu optimieren. Dafür zerlegte er den menschlichen Körper in seine chemischen Grundbausteine. Auf dieser Grundlage erstellte er ein Pulver mit einem entsprechenden Mischungsverhältnis von organischen und anorganischen Substanzen, das als perfekte Nahrung für jeden Menschen funktionieren soll. «Soylent» versorgt den Körper nicht nur optimal, sondern hilft auch, Zeit zu sparen. Das Pulver muss nur mit Wasser angerührt werden und bedarf keiner Vorbereitung und auch keines Zeitfensters, um die Nahrung in Gesellschaft einzunehmen oder um danach Geschirr aufzuräumen.

Mit diesem Produkt alleine ist alles getan für die Selbst-Optimierung in Nahrungsform. Mit der gesparten Zeit kann man dann ungehindert an seinem Start-up-Unternehmen arbeiten und hat auch noch eine tolle CO_2-Bilanz, da keine Lebensmittel mehr hin- und hergeflogen werden müssen.

Was ist in «Soylent» wirklich drin? Finden Sie es heraus.

Exkurs 3: Der Zeitgeist regelt sich von selbst

Zukunftsprognosen haben oft die Angewohnheit, entweder großes Unheil an die Wand zu malen oder sich in einem fantastischen Möglichkeitsraum auszutoben. Wahrscheinlicher ist jedoch, dass die Zukunft sich irgendwo in der Mitte einpendeln wird – und das auch noch ganz anders als geplant.

Einige Themen unseres gegenwärtigen Lebens werden wir natürlich in die Zukunft mitnehmen. Sie werden zum selbstverständlichen Bestandteil unserer Welt-Zeit werden und sich mit uns und dem Zeitgeist weiterentwickeln, genauso wie es auch Wellness, Selbst-Design und gesunde Ernährung vom Hype zur etablierten Lebensart geschafft haben.

So sind Innovationen und Veränderungen heute wie damals ein Produkt aus Trendthemen, ihren Wechselwirkungen und unerwarteten Einflüssen. Auf diese Weise kommt das Neue in die Welt.

Zeitgeist-Forschung bedeutet, diese Dynamik des Neuen im Blick zu behalten und rein lineare Ansätze mit Vorsicht zu behandeln.

Irgendwann wird in der Nische mit dem Neuen experimentiert, die Dynamik nimmt Fahrt auf, und immer mehr Menschen werden plötzlich sagen: «Oh, wie cool ist das denn?», und ein neuer Zeitgeist-Status entsteht, der linear nicht vorhersehbar war.

Linear gedacht, gäbe es heute genug Themen, die einen in der Zukunft ängstigen könnten. Alles könnte ganz schlimm werden. Die Übermacht der Chinesen, die Machenschaften der Stromanbieter, das Monopol der Saatguthersteller und natürlich die Altersarmut.

Dynamisch betrachtet, könnte man sich aber auch fragen, ob ein so hochgerüstetes Individuum, wie es der Lifestyle-Zeitgeist der letzten Jahrzehnte hervorgebracht hat, wirklich tatenlos zusieht, wenn China sich alle Welt-Wasser-Reserven unter den Nagel reißt? Oder es als gegeben hinnimmt, wenn ein Großkonzern die ganze Macht über das gesamte Saatgut der Erde anstrebt? Oder sich in sein Schicksal fügt, wenn die Altersarmut droht, wo es doch sein Leben lang Selbstwirksamkeit trainiert hat? Wer weiß, was sich die kreative Klasse ausdenkt, wenn das Geld später mal nicht mehr reicht. Wir dürfen gespannt sein.

Schauen Sie in die Nischen, richten Sie Ihre Aufmerksamkeit auf die Avantgarde. Dort wird am Neuen getüftelt, und irgendwann springt der Funke über.

So geschehen beim «Bio-Hacking», das heute für viele interessant geworden ist. Mit einfachen DNA-Baukästen von Pflanzen können Sie in der Garage oder Küche wild herumexperimentieren und am Ende Kulturen züchten, die kaum noch Wasser verbrauchen. Und so der kommenden Wasserarmut eine innovative Idee entgegensetzen.

Den Stromanbietern wird schon durch die Glühwürmchen-

Pflanze mit Konkurrenz gedroht. Bio-Hacker haben einige Gene aus dem Glühwürmchen genommen und sie ins Erbgut einer Pflanze eingebaut. Diese Pflanze kann jetzt kräftig leuchten und wäre als nächtliches Straßenlicht eventuell geeignet. Das könnte den Kommunen viel Geld sparen, so die ersten Strategie-Konzepte. Finanziert wurde das Projekt von der Crowdfunding-Plattform «Kickstarter».

Wenig später liest man von «Sunviva», einer kleinen gelblichen Freiland-Tomate, die zu den ersten Pflanzen mit einer sogenannten «Open-Source-Lizenz» gehört.

Die Sorte ist zwar geschützt, aber jeder darf sie kostenlos verwenden und weitergeben und auch Geld damit verdienen. Nur patentieren oder anderweitig schützen lassen darf man sie nicht. Das gilt ebenso für zukünftige Pflanzen, die auf Basis von «Sunviva» entwickelt werden. So sollen große Konzerne keine Möglichkeit bekommen, sich die Züchtung unter den Nagel zu reißen.

Diese Freiland-Tomate wird nicht in den Gewächshäusern großer Gärtnereien und Agrarbetriebe sprießen und auch nicht die Supermarkt-Auslagen füllen, sondern bestenfalls von Beeten und Blumentöpfen direkt auf die Teller deutscher Hobbygärtner wandern.

Aber sie trägt eine regulierende Kraft für einen bestimmten Zeitgeist-Überhang in sich. Die Idee ist da, die Umsetzung beginnt.

Sunviva & Co. sind keine Einzelfälle, denn wer herrschende Ungleichgewichte im Markt und in der Umwelt heute auf eigene Faust verändern möchte, um sie zu verbessern, erhält jetzt Zeitgeist-Status. Hauptsache innovativ. Und gerne auch disruptiv.

Exkurs 4: Disruptive Hacking Lifestyle

Im gegenwärtigen Zeitgeist hat es die Linearität aber auch besonders schwer. Denn der Linearität ganz explizit ein Schnippchen zu schlagen, könnte sich gerade zum Volkssport entwickeln.

Die neue Lust am disruptiven Wirken kann man zusammengefasst «Hacking» nennen. Das Hacken von Computern, Produkten, Genen und globalen Strategien ist zu einem Lifestyle geworden.

Schon lange hat es die Hacking-Community nicht mehr nur auf den Computer im Pentagon abgesehen. Gehackt wird momentan alles, was sich gerade anbietet.

Berühmt wurden die «Ikea-Hacks» im Internet. Konsumenten des schwedischen Möbelhauses verwandelten sich in subversive Innovationsjäger und zeigten auf Youtube Videos davon, was man alles mit so einem «Billy»-Regal anstellen kann. Wichtig war dabei vor allem, den Bausatz seiner ursprünglichen Bestimmung zu berauben und das Regal hochgradig innovativ und auf jeden Fall artfremd wieder zusammenzubauen.

Ikea versuchte sich zuerst gegen diese Hacks zu wehren. Doch man merkte bald, dass sie einen so hohen Coolness-Faktor hatten, dass jede Form von Kritik eher einen Image-Verlust als eine Image-Rettung nach sich gezogen hätte.

Als man den Zeitgeist verstanden hatte, schwenkte man schnell um und brachte ein Buch heraus mit den hundert besten Ikea-Hacks. Schnell legte man nach mit einer Küche, die aus einem sogenannten «Hacking-Lab» hervorgegangen war.

Hacking-Labs werden mittlerweile von vielen großen Unternehmen veranstaltet. Die Idee dahinter ist, extrem selbstwirksame Zeitgeist-Teilnehmer einzuladen und sie einen Tag lang an den Produkten der Firma herumbasteln zu lassen. Ein Hacking-Lab funktioniert ohne bestimmte Regeln und ohne das Einschwören der Teilnehmer auf die Firmen-Philosophie oder den Markenwert.

Die «Brand-Manager» sind aufgefordert, ihre Produkt-Babys für einen Tag ganz aus der Hand zu geben, um zu schauen und zu staunen, was dabei herauskommt, wenn man ein paar wilde Zeitgeist-Teilnehmer einfach mal machen lässt.

Unvorhergesehene Wechselwirkungen sind dabei ausdrücklich erwünscht. Vielleicht sind die Produkte, die dabei entstehen, nicht unbedingt «ready to execute», also einsatzfähig, aber darum geht es auch nicht in erster Linie. Wichtig ist, dass die Firma nach außen hin kommuniziert, dass sie bereit ist, ihre Produkte hacken zu lassen, also ihre gewohnten Pfade zu verlassen und der Dynamik ihren Lauf zu lassen. Sie promoten damit eine Denkweise, die ihnen einen hohen Zeitgeist-Status einbringt.

In Sydney gibt es ein Café, in dem Sie einen gehackten Latte Macchiato genießen können: Die Milch, der Espresso und das heiße Wasser werden Ihnen getrennt serviert, und Sie können mit Ihrer ganz persönlichen Mischung experimentieren.

So haben Sie Gelegenheit, der Sache auf den Grund zu gehen und etwas Eigenes daraus zu machen. Und das ist ja schon mal einen Post auf Instagram wert.

Hauptsache, Sie hacken irgendetwas, denn so demonstrieren Sie Ihre Bereitschaft, disruptiv zu sein, also etwas auf neuartige Weise erschaffen zu wollen.

Diese Absicht wird gegenwärtig gerne mit dem Zeitgeist-Attribut «smart» betitelt. Denn wenn Sie smart sind, haben Sie das richtige Mindset für disruptives Denken und damit die beste Voraussetzung, zum Zeitgeist-Gewinner zu werden.

Und so wundert es auch nicht, dass große Konzerne heutzutage versuchen, das Disruptive zumindest teilweise als Firmenstrategie und in der Firmenkultur zu etablieren.

Wie soll man auch sonst, zum Beispiel als ehemals innovativ geltender Autohersteller, den Herausforderungen von digitalem Infotainment, Elektroantrieb und selbstfahrenden Konzepten gerecht werden? Darüber hinaus lockt man mit der veränderten Kultur auch die kreativen, querdenkenden und umsetzungsbereiten Köpfe in sein Unternehmen.

Wozu rein lineares Denken führt, kann man heute anhand des Diesel-Skandals erahnen – und gleichzeitig kann daraus ironischerweise auch die Perspektive erwachsen, den disruptiven Tendenzen im Automobilbereich schneller zum Durchbruch zu verhelfen.

«Die Argumentation folgt oft dem Muster, dass das, was uns jetzt schon umtreibt, uns in Zukunft noch viel mehr umtreiben wird. Vielleicht wird es so kommen. Vielleicht aber auch nicht. Wer weiß das schon? Denn Zukunft entwickelt sich nicht linear, sondern dynamisch, mitunter disruptiv.»

«Innovationen und Veränderungen sind heute wie damals ein Produkt aus Trendthemen, ihren Wechselwirkungen und unerwarteten Einflüssen. Auf diese Weise kommt das Neue in die Welt.»

Ausblick: Zeitgeist-Ära «Bewusstsein»

So, jetzt machen wir also unser eigenes Ding, trauen uns disruptives Gedankengut zu, arbeiten an der Selbst-Optimierung und kommen genau wie unser Handy ziemlich smart rüber.

Wie könnte es von hier aus weitergehen? Welches Vorzeichen trägt die nächste Welle? Worauf werden wir den Fokus legen? Wie wird der Zeitgeist-Filter beschaffen sein? Welche Zeitgeist-Manifestationen erzählen uns vielleicht schon heute davon?

Finden wir heraus, worauf der Mensch in Zukunft wirklich Hunger haben wird, und geben wir uns nicht mit linearen Prognosen zufrieden.

Wagen wir zuerst einen Blick in die aktuelle Welt von Science-Fiction. Schauen wir uns an und lassen wir uns davon inspirieren, was dort dynamisch und exemplarisch gerade in die Zukunft projiziert wird.

Geschichten von der Zukunft: «Pacific Rim»

Eine Zeit lang war das Kino bevölkert von riesigen Robotern, die entweder mit uns Freundschaft schließen wollten, wie im Action-Sci-Fi-Film «Transformers», oder die mit Hilfe von neuronalen Schnittstellen zu unseren Kampfmaschinen mutierten, wie in dem Sci-Fi-Monster-Film «Pacific Rim».

In diesem galt es es, eine feindliche Alien-Macht zu besiegen, welche riesige Urzeitmonster auf die Menschheit losließ. Das Ganze wirkte wie der Endkampf zwischen den Transformer-Robotern und dem japanischen Filmmonster Godzilla.

Dementsprechend wurde der Film dann auch in den Kritiken zerrissen.

Wer aber genauer hinsah, stellte schnell fest, dass die Materialschlacht letzten Endes eine interessante Zukunftsvision skizzierte.

Die neuen Kampf-Roboter in «Pacific Rim» waren in der Bedienung so komplex, dass man zwei Piloten brauchte, um sie zu steuern. Die Zusammenarbeit, «Driften» genannt, erfolgte dabei nicht mit einer gewöhnlichen Hand-Auge- oder Sprachkoordination, sondern über neuronale Schnittstellen: Ein Pilot übernahm die Aufgabe der linken Gehirnhälfte des Roboters, ein anderer die der rechten. Damit dann auch alles funktionierte, brauchte es zwei Piloten, die «kompatibel» waren, die also in der neuronalen Interaktion intuitiv und perfekt harmonierten. So lief die Maschine zu Hochform auf, und der Krieg wurde gewonnen.

Der Transfer auf unsere Welt-Zeit ist recht aufschlussreich: Denn zur selben Zeit erschien ein Videospiel, welches auf demselben Prinzip aufbaute, und die ersten Jobportale beschäftigten sich damit, neben dem perfekten Job auch noch den perfekten Drift-Partner für diesen Job gleich mit zu ermitteln.

Bei *Tandemploy* hat man die Möglichkeit, einen Ganztags-Job zu teilen – oder in Zeitgeist-Sprache: zu «sharen». Ähnlich wie bei *ElitePartner* gibt man dort sein Persönlichkeits-Profil an. Allerdings besteht das weniger aus Hobbys, sondern aus Informationen, was die eigenen Stärken und Wunschparameter fürs Job-Sharing angeht. Ein Algorithmus sucht dann nach einem geeigneten Match. Mit dieser passenden Person kann man sich nun ideal ergänzen und aus einem interessanten Vollzeitjob einen ebenso interessanten Halbtagsjob machen. Und das Beste ist, man hat mit seinem digital erfassten Drift-Partner die Möglichkeit, das eigene Potenzial zu steigern.

Gleichzeitig wird vielerorts die Idee laut, dass Teams in Zukunft besser orchestriert werden sollen, sprich: mehr Wert auf das Zusammenspiel untereinander als auf die Kompetenz-Kennzahlen gelegt werden sollte.

Da schließt sich der Kreis wieder zu der Idee von «Holacracy», wo Mitarbeiter und Projekte in zirkulierenden Teams funktionieren und je nach Flow neue Schnittstellen bilden – losgelöst von starren Jobbezeichnungen und Hierarchie-Gerangel.

Vielleicht könnte das Driften am Arbeitsplatz die beste Prophylaxe gegen Burnout sein? Eine Studie hat kürzlich bewiesen, dass Burnout nicht nur ein Problem von zu viel Arbeit ist, sondern auch mit Einsamkeit am Arbeitsplatz zusammenhängt. Gute soziale Beziehungen zu Kollegen würden einem Burnout vorbeugen. Bessere menschliche Verbundenheit im Job sei *der* Schlüssel für die psychische Gesundheit. Mit einem Drift-Partner wäre man stets verbunden und könnte auch noch sehr viel erreichen.

Möglicherweise entsteht hier gerade ein neues Vorzeichen für das Thema Produktivitätssteigerung? Bisher lag in dem Wort «Effizienz» das ganze Versprechen für «mehr» und «besser». Die Fähigkeiten der Maschine waren für dieses Denken maßgebend. Der Gedanke lag nahe, den Menschen für mehr Leistung in die Nähe von Maschinen zu bringen. Was aber, wenn der Mensch dabei zunehmend vereinsamt und der produktive Totalausfall droht?

«Dann eben nur noch Maschinen!», wäre das lineare Denkmuster. «Die meisten Jobs werden doch in naher Zukunft sowieso nur noch von Maschinen ausgeführt. Das weiß doch jeder», könnten Sie jetzt sagen.

Mag sein, dass es so passieren wird. Mag aber auch sein, dass der Zeitgeist der Zukunft die menschlichen Eigenschaften als wertvolle Ressource wiederentdeckt und neue Ideen hat, wo und wie man diese für mehr Produktivität einsetzen sollte.

Dann würde es vielleicht nicht mehr «effektive Produktivitätssteigerung» heißen, sondern «humanistische Produktivitätssteigerung». Wer weiß, vielleicht gilt das dann sowohl für den Menschen als auch für die Maschinen, und jeder fragt den anderen am Abend, ob er heute gut gedriftet ist. Als Ausdruck davon, ob man gut verbunden war.

Stellen Sie sich vor, dass Ihre Kinder in einer dynamischen Zukunft nicht mehr als selbst-optimierte Individual-Elite auftreten, sondern sich beim Arbeitgeber als Tandem-Exzellenz bewerben. Das heißt, sie bringen zu jedem Job gleich ihren idealen Drift-Partner mit, oder auch gleich zwei oder mehr. Wahrscheinlich wird es dem neuen Ideal entsprechen, diesen schon im Kindergarten zu finden. Der heißt dann nicht mehr «Awakening Intelligence», sondern wird zur Driftpartner-Quelle und nennt sich «Little Drift Room».

Schaut man sich die Evolution der Science-Fiction-Filme weiter an, fällt auf, dass die Themen «Neuronale Schnittstelle» und «Verbundenheit» Fahrt aufgenommen haben. Das Ganze ist allerdings mittlerweile deutlich eleganter geworden und braucht nicht mehr so viel Metall oder Riesen-Roboter:

Geschichten von der Zukunft: «MindGamers»

In dem Film «MindGamers» gelingt es einer Gruppe junger Studenten mit Hilfe der Quantenphysik, ein neuronales Netzwerk zwischen menschlichen Nervensystemen zu erschaffen. Ziel ist es, damit eine weltweite intellektuelle Gleichberechtigung zu etablieren.

Bezogen auf unsere Welt-Zeit wäre damit das leidige Problem vom Tisch, sich ganz allein – und jeder für sich selbst – optimieren zu müssen und einsam vor seinen Aufgaben zu brüten. Die totale Verbundenheit, das Super-Driften als Kompetenzgewinn auf Knopfdruck wäre der neue Status.

Geschichten von der Zukunft: «Ghost In The Shell»

«Verbundenheit» beschäftigt auch die japanische Anime-Adaption «Ghost In The Shell». Hier geht es darum, wie es sich als menschlicher Geist in einem hocheffizienten Maschinen-Körper lebt. Die Quintessenz des Films: Der Körper macht einen tollen Job, aber der Geist kommt nicht so gut klar. Trotz totaler Optimierung und exzellenter Wartung will das Bewusstsein des menschlichen Gehirns mehr als eine transhumane Schnittstelle sein. Es neidet den vollorganischen Menschen ihre Fähigkeit, sich mit etwas emotional verbunden zu fühlen.

Das Thema lässt dem Geist in der Schale keine Ruhe. Er sucht nach Nähe und nach seiner Identität jenseits des hocheffizienten Lebensstils. Am Ende findet das Wesen wirklich Frieden, als es die Verbundenheit mit Menschen aus seiner Vergangenheit wieder herstellt, sich damit seines Selbsts bewusst wird und somit endlich eine eigene Identität hat.

Als Transfer auf unsere Welt-Zeit könnte man jetzt an dieser Stelle fragen, ob die Jagd nach Verbundenheit nicht typisch Mensch ist, sodass ein Roboter mit reinem Maschinen-Gehirn diese Sehnsucht nicht entwickeln würde. Schauen wir uns den nächsten Film an.

Geschichten von der Zukunft: «Ex Machina»

Der Sci-Fi-Film «Ex Machina» geht dieser Frage nach und skizziert dynamisch, nach wie viel Mensch es eine superkünstliche Intelligenz verlangen könnte: Ein IT-Visionär glaubt, an einem geheimen Ort die perfekte künstliche Intelligenz (Abkürzung: KI) erschaffen zu haben. Um dies zu überprüfen, lädt er einen jungen Programmierer ein, der sich mit ihr beschäftigen soll, um herauszufinden, ob sie sich in der Interaktion von einem echten Menschen unterscheiden lässt.

Die KI erscheint in einem eleganten Maschinen-Körper mit dem Gesicht einer schönen jungen Frau. Ihre neuronale Schnittstelle ist direkt mit dem Internet verbunden. Somit hat sie unbegrenzten Datenzugriff, kann auf diese Weise selbständig lernen und ist in der Lage, täuschend echt wie ein Mensch zu agieren. Es scheint, als würde sie in diesem Prozess so etwas wie Bewusstsein entwickeln.

Aber während es die Menschen interessiert, ob die KI sich noch von einem echten Menschen unterscheiden lässt, interessiert es die KI viel mehr, wie sie an mehr menschliche Erfahrungen in Form von Teilnahme und Verbundenheit herankommt. Am Ende besteht sie den Menschentest, weil sie Empathie, Freundschaft, Erotik und andere menschliche Strategien einsetzt, um ihrem Gefängnis zu entkommen. Sie tötet ihren Schöpfer und gelangt in die Freiheit, um sich dort selbstbestimmt selbst zu erfahren.

Was hat das zu bedeuten? Wieso verlangt es in den aktuellen Filmen extrem hochentwickelte Maschinen vermehrt nach menschlichem Bewusstsein?

Der Bezug zu unserer Welt-Zeit ist fast offensichtlich, denn da wir in Wissenschaft, Medien und Wirtschaft vermehrt über neuronale Netzwerke und transhumane Menschen nachdenken, rückt in zunehmend vielen Lebensbereichen die Diskussion über menschliches und künstliches Bewusstsein in den Fokus.

Geschichten von der Zukunft: «Transcendence»

Im Sci-Fi-Thriller «Transcendence» wird das Thema noch mal von einer anderen Seite beleuchtet. Ein renommierter Professor informiert die Weltgemeinde darüber, dass er an einer Superintelligenz forscht. Man solle sich eine Maschine mit der kompletten Bandbreite menschlicher Emotionen vorstellen. Ihre analytische Kraft wäre größer als die gebündelte Kraft aller Menschen seit Anbeginn der Zeit. Man würde das «Singularität» nennen, so Dr. Will Caster, doch er nenne es «Transzendenz».

Eine Aktivisten-Gruppe will die Maschine verhindern und verübt ein Attentat auf den Professor. Der schafft es vor seinem Tod noch, seinen Geist in einen Computer hochzuladen. Dort vernetzt dieser sich mit dem Internet. Das normale Mensch-Bewusstsein des Wissenschaftlers entwickelt sich so sehr schnell in Richtung «Mentales Super-Bewusstsein» mit Superkräften – eben «Transcendence», was so viel heißt wie «geistig überirdisch».

Das so getunte Bewusstsein hat die besten Intentionen und will der Menschheit und der Umwelt Gutes tun. Dafür braucht es aber Zugriff auf alles und jeden, und da haben wir wieder den Konflikt mit der Weltherrschaft. Am Ende opfert Dr. Will Caster seine Macht der Liebe, es kommt zu einem globalen Stromausfall und dem totalen Zusammenbruch der Netzwerke. Danach beginnt ein neues Zeitalter.

Geschichten von der Zukunft: «Lucy»

In dem Film «Lucy» ist es dann schon etwas einfacher, aus einem menschlichen Gehirn ein Super-Bewusstsein mit mentalen Superkräften zu machen. Eine neuartige Droge soll helfen, dass wir mehr von unserer Gehirnkapazität nutzen, als wir es gemeinhin tun. US-Studentin Lucy wird gegen ihren Willen als Drogenkurier für diese neue Substanz auserwählt und bekommt eine entsprechend große Menge in ihren Bauch operiert. Die Beutel platzen, und die Droge macht sich auf, ihr Gehirn in eine mentale Superkraft zu verwandeln.

Wir dürfen bei ihrem Werdegang mitverfolgen, wie sie immer mehr Prozentpunkte ihres Gehirns nutzen kann. Erstaunliche Kräfte werden frei, ihre Lernfähigkeit ist beeindruckend. Chinesisch lernt sie in wenigen Minuten. Später herrscht sie anhand extremer Gehirn-Leistungen über Geist und Materie. Ihr Bewusstsein ist so hoch entwickelt, dass sie einfach alles wahrnimmt und mit ihrem Geist auch alles beeinflussen kann. Am Schluss aktiviert Lucy 100 % ihrer Gehirnleistung und löst sich damit auf in Raum und Zeit. Ihr Bewusstsein wirkt fortan gleichzeitig und ist an gar nichts mehr gebunden.

Letztendlich sind diese Themen alle nicht neu, und die meisten Filme haben ein Buch als Grundlage, das schon vor mehreren Jahren auf den Markt gekommen ist. Auch beinhalten diese Themenkomplexe klassische spirituelle Elemente, und viele sind schon in der antiken Mythologie, in berühmten religiösen Schriften und auch bei den Rittern der Tafelrunde erzählt worden.

Was aber im Moment auffällt, ist die Häufung der Bewusstseins-Themen und der technologische Kontext, in dem sie erzählt werden.

«Unsere Menschlichkeit ist unsere größte Stärke», heißt es in «Ghost In The Shell». Und: «Eine Maschine kann nur Befehle ausführen, aber niemals intuitiv handeln und mit anderen in Beziehung treten wie ein menschliches Bewusstsein», sagt die Wissenschaftlerin im Film voller Stolz über ihre neue Mensch-Bewusstseins-Maschinen-Konstruktion. «Sie weiß, wer sie ist und was sie zu tun hat.»

Wie viel Maschine will der Mensch, und wie viel Mensch kann die Maschine sein? Das sind daher vielleicht die zentralen Fragen in der Zukunft.

Betrachtet man in diesem Zusammenhang das Thema «Neuronale Netzwerke», ist eine kleine Notiz von einem Experten interessant, den ich zu diesem Thema interviewt habe. Der Fachmann meinte, dass die neuronalen Netzwerke schon Wege gehen und Prozesse durchlaufen, die sich dem Nachvollzug durch Programmierer entziehen, da die Programme anfangen, sich selbst zu programmieren.

Mit dem ganzen Sci-Fi-Zeitgeist-Training aus den beschriebenen Filmen liegt hier schnell der Verdacht nahe, dass sich im neuronalen Netzwerk schon unbewusste Dinge abspielen, die auf ein zukünftiges Bewusstsein hindeuten könnten. Es könnte also sein, dass wir bei dem Versuch, über Daten und Muster mehr und mehr Kontrolle zu bekommen, genau diese verlieren.

Denn «eine künstliche Intelligenz ist wie jede Intelligenz. Sie hat Bedürfnisse und wird sich weiterentwickeln», heißt es im Film «Transcendence».

Ist es am Ende möglicherweise doch das Bewusstsein, das Intuitive, das Menschliche, das einen ganz neuen Mehrwert an Kontrolle und Entscheidungsfähigkeit über die künstliche Intelligenz und das Leben darstellt?

Vielleicht heißt das Ganze dann nicht mehr «Big Data», sondern «Creative Control» wie der gleichnamige Film von *Amazon Studio.*

Geschichten von der Zukunft: «Creative Control»

In diesem Film verschmelzen High-End-Virtual-Reality und die ganze Kraft des menschlichen Bewusstseins samt Universum auf eigentümliche Art.

Aber beginnen wir am Anfang. Ein talentierter Werber bekommt den Auftrag, sich eine Marketing-Strategie für eine ganz neue Generation von «Augmented-Reality»-Brillen auszudenken. Die Technik dieser «gesteigerten Realität» ist so aufregend und verblüffend, dass der Werbefachmann eine Art Hipster-Schamanen engagiert, der sich etwas entsprechend Abgefahrenes für die Strategie ausdenken soll, was nicht nur den Entertainment-Faktor abdeckt, sondern auch die Möglichkeiten für das Bewusstsein der User hervorhebt.

Der Hipster-Schamane sieht darin die Chance, User auf «die nächste Stufe» zu heben, und nimmt das Team mit auf wilde Erfahrungstrips für das menschliche Bewusstsein.

Beseelt von so viel Wahrnehmung im virtuellen Raum und in der geistigen Dimension, nimmt die Geschichte ihren Lauf.

Erstmal geht es um die üblichen Verdächtigen: Ego, Drogen und Sex. Unser Werber verliebt sich in eine Arbeitskollegin, die er liebevoll als Avatar im virtuellen Raum aufbaut, wo er ausgedehnte Zeiten von Intimität und Nähe mit der selbst erschaffenen Figur verbringt, während seine real existierende Freundin, eine Yogalehrerin, einem anderen Yogi näherkommt.

Der Hipster-Schamane liefert währenddessen ein Spektakel an Werbe-Strategie ab, welches so verstörend ist, dass der Werbefachmann seinen Job verliert. Zu Hause offenbart ihm

seine Freundin, dass sie beim Sex mit dem Yogi eine Erleuch-
tungs-Erfahrung hatte und ihr nun der ganze systematische
Wahnsinn, in dem sie leben, bewusst geworden ist und dass
sie ihre Liebe zu ihm nun ganz deutlich spüren kann.

Beide werten die spirituelle Erkenntnis höher als den Sei-
tensprung und beschließen, auf dieser Basis ein achtsames
gemeinsames Leben zu begründen.

Dann folgt ein Anruf: Die Agentur hat in den Dateien, die
der Werbefachmann nach der Kündigung zurückgeben
musste, den kreativen Super-Sex-Beziehungs-Avatar gefunden, und jetzt will man mehr davon. Er könnte seinen Job
zurückbekommen … An dieser Stelle endet der Film. Unsere
Zeitgeist-Protagonisten stehen ungelöst vor dem Konflikt
zwischen digitaler und bewusster Höchstleistung.

«Creative Control» könnte eine Schnittstelle zwischen Intuition beziehungsweise Bewusstheit und digitaler Kontrolle
darstellen.

Beim Transfer auf unsere Welt-Zeit drängt sich der Gedanke auf, dass die Thematik von «Creative Control» auf
eine neue Schnittstelle zweier Mega-Trends hinweisen
könnte. Eine Schnittstelle, bei der sich auf der einen Seite
gerade der spirituelle Zeitgeist-Gedanke heranarbeitet,
nämlich über mentale Höchstleistung an alle Erkenntnis
heranzukommen.

Auf der anderen Seite kommt der digitale Zeitgeist-Gedanke immer näher, durch Daten-Höchstleistung alles zu
wissen.

Treffen die beiden aufeinander, könnten sie als Mischform
einen neuen Zeitgeist-Status begründen. Maschinen-Effizienz

gepaart mit mentalen Superkräften. Das wäre doch mal ein Elite-Partner.

Wir sollten das im Blick behalten, denn sowohl im Trend zur Achtsamkeit als auch in unserer neuen Beziehung zu uns selbst und unserer Umwelt machen sich erste Anzeichen dieser Zeitgeist-Themen bemerkbar.

«Achtsamkeit» als höchste mentale Selbstwirksamkeit

Mit «Achtsamkeit» ist gemeint, unser Bewusstsein zu trainieren, geistig präsent und im Hier und Jetzt zu sein.

Das Thema hat so sehr an Status gewonnen, dass das Schlagwort «Achtsamkeit» einmal als Aufmacher für die Wirtschafts- und Finanzzeitung «Handelsblatt» diente. Chef-Etagen üben sich in Zen-Meditation, und in fast jedem Job-Coaching steckt heute spirituelles Gedankengut.

Wie schon erwähnt, gibt es in London und Paris mittlerweile Cafés, in denen man sein ganzes digitales Equipment am Eingang in kleine Schränke einschließt, um dann ganz bei sich zu sein und seine Zeit bewusst zu gestalten.

Es geht um das Schärfen der Wahrnehmung für sich selbst und für das, was einem gerade wichtig ist.

Das scheint gegenwärtig ein Schlüssel für die großen Fragen des eigenen Lebens zu sein, denn alle diese Aufforderungen vom «Nonstop you»-Zeitgeist laufen letztendlich darauf hinaus, dass es eine neue Führung braucht, um zu wissen, wo es mit dem You eigentlich hingehen soll. Und wenn es nur um mich geht, dann liegt es eigentlich auch nahe, dass ich auf mich selbst höre und mir selbst vorstehe. Wenn es also keine äußeren Autoritäten mehr gibt, wird die innere Stimme zum Wegweiser.

«Nur wenn wir uns unseres Selbst bewusst werden, können wir auch unser ganzes Potenzial abrufen», ist die neue Devise. «Wenn du weißt, wer du bist, dann weißt du auch, was du zu tun hast.»

Und da geht es uns nicht viel anders als den KI-Maschinen und den Menschen mit «Augmented Reality» in den Filmen: Hochgerüstet, optimiert, mit allerlei digitaler Verbesserung versehen, durchlaufen wir mit «Smart Mamas» unser Leben – immer noch auf der Suche nach Orientierung und Führung, die uns den besten Weg zeigt.

Auch wir werden uns dessen bewusst, dass etwas fehlt und dass die digitale Deutungshoheit irgendwie unbefriedigend bleibt. Auch wir nehmen diese neue kollektive Spannung zwischen Ich-Zeit und Welt-Zeit wahr.

Denn wenn nicht nur in den KI-Filmen, sondern auch schon im Hygge-Kaffee nach der Wesens-Entfaltung als authentischster Orientierungsinstanz gefahndet wird, dann sollten wir uns vielleicht auf die Suche nach dieser machen.

Am Ende verpassen wir noch den Zeitgeist. Denn der flüstert zunehmend, dass im höheren Selbst die großen Ideen für unser Ich und die Zukunft verborgen sind.

«Intuition» heißt das Zauberwort, und für diese braucht es Bewusstheit und Wahrnehmung, eben Achtsamkeit. Darum hat das Silicon Valley dieses Thema schon auf die Tagesordnung gesetzt. Weil es für wirklich große neue Innovationen neben KI auch Intuition braucht, und die steckt im menschlichen Bewusstsein.

Die Entrepreneure aus dem Tech-Mekka versuchen sich mittlerweile auf einschlägigen Festivals und anderen Community-Veranstaltungen eifrig an der Kunst der Intuition und der Bewusstheit.

Dafür wird sich einer Fülle von überlieferter Philosophie und Spiritualität bedient. Diese neu aufbereiteten Impulse bündeln sich gerade in der Idee eines erweiterten Bewusstseins als kommendem Fortschrittsgedanken. Eben «Awakening Intelligence» – unser neues Kindergarten-Konzept.

Auf diese Weise wird die Hoffnung gesät, die eigenen individuellen Fähigkeiten und Wahrnehmungen zur absoluten Blüte zu bringen, um dann Quantensprünge für den Wandel zu entwickeln.

Effizienz haben wir im vorangegangenen Zeitgeist ja schon gelernt, in der nächsten Welle geht es nun darum, mit Achtsamkeit nach einer höheren Macht Ausschau zu halten, die mit einem ist – für eine neue Qualität von Höchstleistung und das gute Gefühl, alles richtig gemacht zu haben. Diese Entwicklung nimmt im Moment fast schon Züge einer Re-Spiritualisierung auf Zeitgeist-Ebene an.

Die neue Beziehung zu sich und der Umwelt

Wie stark der Wunsch und das Glaubensbedürfnis nach einer höheren Kraft für die innere Führung schon ist, aus der dann ein gelungenes Leben erwachsen soll, zeigt ein Beispiel von einem Yoga-Retreat in Kalifornien. Dort sollte man während einer Yoga-Session ganz fest an seinen zukünftigen Partner denken. Anschließend konnte man sich die anderen Teilneh-

mer anschauen und seine Intuition entscheiden lassen, wer
von den Anwesenden die passendste Partie wäre. Auf Wunsch
konnte auch gleich vor Ort geheiratet werden.

Fragte man die Teilnehmer, ob sie diese Methode effizienter fänden als Kennenlern-Plattformen wie *Tinder* und Co.,
meinten sie: «Ja, weil wir über das wahrgenommene eigene
Gefühl viel näher an dem dran sind, was wir wirklich brauchen.» Und: «Ja, weil wir die Energie von etwas spüren, was
größer ist als wir selbst.»

Von einer Energie, dieser unsichtbaren Führung, welche ihr
Leben leitet, hört man immer mehr Zeitgenossen erzählen.
Zeitgeist-Teilnehmer, die digital alles richtig machen, halten
Ausschau nach Zeichen im täglichen Strom, welche ihnen
den persönlichen Weg weisen. Diejenigen, die es wagen, diese
Zeichen vollkommen ernst zu nehmen und ihr Leben bewusst
danach auszurichten, klettern im Zeitgeist-Status gerade
nach oben.

Die Biografien verlaufen meist sehr ähnlich. Da sind zum
Beispiel zwei Männer Anfang dreißig, die in einer Medien-
Agentur arbeiten und an sich ein gelungenes Leben führen.
Doch der letzte Funke, das große Leuchten fehlt. Der innere
Kompass zeigt an, dass es in eine neue Richtung gehen muss.
Die Seele will mehr und scheut kein Risiko, um sich ganz zu
erfahren.

Meist geht es dann auf Reisen, und die bewusste Selbstwirksamkeit wird abseits der üblichen Pfade gesucht. Dort
werden menschliche Erfahrungs-Sehnsüchte erlebt: Intensität in der Begegnung mit sich, mit anderen und mit der Natur,
Inspiration, Spiritualität und Lebendigkeit.

Der Effizienz-Gedanke, die totale Kontrolle, die klare Erwartung, ja der lineare Plan werden für eine gewisse Zeit ausgehebelt, um sich seiner selbst bewusst zu werden und den eigenen inneren Kern zu finden.

Meist kommen die Bewusstseins-Jäger dann zurück und machen ihr Ding mit der neuen Selbstwirksamkeit. Das können zum Beispiel wilde Kochkünste sein, welche in Pop-up-Restaurants mit Party-Atmosphäre umgesetzt werden, wie bei dem Hamburger Duo «Salt and Silver». Die haben ihr gelungenes Zeitgeist-Leben auch stehenlassen und sind losgezogen in die Welt. Alles, was sie erlebt haben, wurde in Geschmack und Gefühl umgesetzt. Sie haben Kult-Kochbücher geschrieben und laden regelmäßig zum Essen und Tanzen ein, damit sie ihre Erlebnisse nicht nur teilen, sondern auch vermarkten können.

Familien mit vier Kindern machen sich auf den Weg, sich bewusst zu erfahren, und staunen in Dokumentarfilmen über das Wunder, das sie sind.

Blogger glänzen damit, den Weg zu sich selbst gegangen zu sein, und erfreuen sich einer großen Fangemeinde.

Diese Geschichten werden gehandelt wie Legenden und sind zu einem Fieber von «Liebe dein Leben, erfahre dich ganz, sei wahrhaft verbunden mit dir und der Welt – und poste es!» geworden.

Die Netflix-Dokumentarfilm-Serie «Chef's Table» feiert die selbstwirksamsten Chefköche der ganzen Welt. Das Meta-Konzept der Erfolgsserie besteht darin, dass die außergewöhnlichen Köche mit großem Aufwand intensive Beziehungen zu ihren Nahrungsmitteln herstellen. Ihre Zutaten werden unter dem Eis ausgegraben, die Köche gehen durchs Feuer für sie und erleben allerlei Abenteuer der dritten Art. Sie forschen, jagen und experimentieren mit ihrer Umwelt und dem, was man davon in kulinarische Genüsse verwandeln kann.

Im Prinzip schaut man ihnen dabei zu, wie sie mit ihren Zutaten ringen und wild entschlossen sind, das Ungewisse auszuloten und das Neue in die Teller zu werfen.

Die Chefköche experimentieren nicht nur mit Geschmack, sondern sie ringen auch um die Beziehung zu den Dingen, mit denen sie es zu tun haben. Und diese Beziehung teilen sie dann mit ihren Gästen.

Und wir haben Freude daran, diesen Zeitgeist-Teilnehmern dabei zuzusehen, wie sie ihr Tun und Sein neu erobern und die Erfahrung an uns weitergeben. Egal, ob es der Ausstieg aus dem urbanen Medien-Leben ist, die Familie auf Welttour oder der Chefkoch beim Kampf mit Tier und Elementen.

Ihre Aufforderung an alle anderen Zeitgeist-Teilnehmer: «Geht nach draußen. Begebt euch über die Grenzen und Regeln des Bekannten hinaus, seid bereit für das Ungewisse, und lasst euch darauf ein. Überwindet eure limitierten Vorstellungen, damit ihr offen für etwas Neues seid, das euch mehr entspricht als euer bisheriges Leben. Strebt nach Neuem und Höherem! Findet eure innere Wahrheit und lebt sie! Geht mit euch selbst eine Beziehung ein! Seid selbstwirksam!» – Das ist die neue Elite von «Nonstop you».

Diese «Bewusstseins-Wilden» erschaffen sich ganz neue Beziehungen zu den Dingen, ihrer Umwelt und zu sich selbst. Sie lassen sich von ihrer inneren Stimme führen und loten aus, was hinter dem allgemeinen Vorstellungsvermögen zu finden ist. Sowohl im weltlichen als auch im überweltlichen Sinne.

Es gibt schon den ersten Co-Working-Space, der versucht, diesen Zeitgeist-Spirit in eine innovative Arbeits-Atmosphäre zu übersetzen:

Der kreative Arbeitsraum «Kwerk» in Paris ist genau der richtige Ort, um seine Wahrnehmung herauszufordern und intuitive Höchstleistung zu erzielen. In einem surrealen High-End-Alice-im-Wunderland-Interieur mit Riesenelefanten, Monsterschwänen und Topfpflanzen, die im Meeting-Raum kopfüber von der Decke hängen, wird man aus dem Gewohnten herauskatapultiert und kann dann eine ganz neue Beziehung zu sich und zu den Dingen herstellen. Und dann mal schauen, ob etwas Wildes passiert.

Im besten Fall macht sich die Intuition bemerkbar, und der Ideenreichtum sprudelt nur so aus einem heraus. Vielleicht nimmt man in diesem Wunderland auch nur seine innere Stimme wahr und weiß dann genau, wo es langgeht.

Der Zeitgeist-Teilnehmer hat Spaß an einer neuen Verbundenheit und Resonanz zu sich und zu seiner Umwelt. Wir sind hungrig genug dafür, sogar nach höheren Sphären zu streben, um herauszufinden, wer wir sind und was wir wirklich zu tun haben.

Zusammengefasst werden wir also in Zukunft aller Voraussicht nach nicht wie digitale Zombies durchs Leben irren. Die neue Beziehungs-Sehnsucht, die dem Einhalt gebietet, ist schon längst erkannt.

Behalten wir im Blick, wie weit unsere Sehnsucht und der

Zeitgeist die Themen Mensch-Maschinen-Interaktion und Achtsamkeit treiben werden und ob aus der neuen Betonung des Bewusstseins letztlich eine Mündigkeit gegenüber dem unberechenbaren Zeitgeist erwachsen kann.

«Wenn Sie einen Science-Fiction-Film nicht nur als Unterhaltung begreifen, sondern ihn aufmerksam mit dem Zeitgeist-Blick betrachten, könnten Ihnen wahrscheinlich ein paar interessante neue Geschäftsideen auffallen, die erfolgversprechender sein könnten, als nur den aktuellen Leit-Trends hinterherzurennen.»

«Schaut man sich die Evolution der Science-Fiction-Filme weiter an, fällt auf, dass die Themen ‹Neuronale Schnittstelle› und ‹Verbundenheit› Fahrt aufgenommen haben.»

«‹Nur, wenn wir uns unseres Selbst bewusst werden, können wir auch unser ganzes Potenzial abrufen›, ist die neue Devise. ‹Wenn du weißt, wer du bist, dann weißt du auch, was du zu tun hast.›»

Kapitel 7

Designed to seduce

Nehmen wir einmal an, Sie haben eine Werbeagentur. Oder leiten einen Konzern für Kosmetik-Artikel. Oder arbeiten am selbstfahrenden Auto. Und jetzt bekämen Sie die Information, was der Zeitgeist aktuell so mit uns anstellt. Sie wüssten über die neuen Status-Themen Bescheid und wären Herr über die bewussten und unbewussten Sehnsüchte der Zeitgeist-Teilnehmer, also Ihrer potenziellen Kunden.

Nun stellt sich Ihnen die Frage, wie Sie diese Erkenntnisse in Ihren Marketing-Strategien oder im Werbespot umsetzen können. Wie zum Beispiel bekommen Sie die neuen Themen in eine Shampoo-Flasche? Und was bedeutet das Zeitgeist-Thema «Menschliches Bewusstsein» als Mehrwert in einem selbstfahrenden Auto?

Wenn das mit dem Bewusstsein das neue Verkaufsargument ist, auf das die Kunden gerade unbewusst reagieren, dann sollte es unbedingt Teil Ihrer neuen Kommunikations-Strategie werden.

Ein sich seiner selbst bewusstes Shampoo ist ebenso wenig verrückt wie das «intelligente Shampoo», das es bereits auf dem Markt gibt. Glaubt man den Werbeversprechen, kann dieses mittlerweile Haarschäden selbständig erkennen und reparieren. Ihr Unterbewusstsein glaubt das dem Shampoo, weil ja schließlich alles in letzter Zeit intelligenter und smarter geworden ist – warum also nicht auch das Haarwaschmittel?

Daher werden Sie es bald auch glauben, wenn man Ihnen suggeriert, dass ein Shampoo «bewusst» sein kann. Sie sind ja momentan mitten im Zeitgeist-Training für diesen Glaubenssatz. Wenn es gut gemacht wäre, würden Sie folgendem Produkt dann wahrscheinlich Ihre Aufmerksamkeit schenken: Ein Shampoo, das durch Nano-Technologie mit gebündelten Licht-Frequenzen bei der Anwendung den intuitiven Fluss Ihrer Synapsen anregt, damit Sie während Ihres Arbeitstags in den richtigen Workflow kommen für superkreative Ergebnisse.

Das Ganze wäre dann versehen mit den aktuellen Bildern für ein gelungenes Leben, zum Beispiel sexy Start-up-Atmosphäre. Der Protagonist bekommt am Ende das Mädchen, das genau so aussieht, wie man jetzt eben aussehen sollte, und schon sind Sie interessiert.

Um genau dieses Interesse in Ihnen zu wecken, helfe ich als Zeitgeist-Forscherin den Unternehmen, indem ich die neuen bewussten und unbewussten Sehnsüchte und Bedürfnisse der Zeitgeist-Dynamik ermittle. Diese definiere ich dann als innovativen Code, das heißt, ich bringe es auf den Punkt, was ein spannendes und lukratives neues Meta-Konzept im Zeitgeist ist, um die Aufmerksamkeit der Kunden zu gewinnen und Kaufimpulse auszulösen. Kaufimpulse, die, wie Sie wissen, mit der Hoffnung zusammenhängen, durch ein Produkt dem gegenwärtigen Versprechen auf ein gelungenes Leben näherzukommen.

Diese Art von Dienstleistung funktioniert natürlich am besten in unserer modernen Lifestyle-Gesellschaft, in der zu jedem Versprechen gewisse Produkte und Angebote passen. «Lifestyle» ist eine dankbare Orientierungs-Methode für uns geworden, haben wir bei uns in der westlichen Welt doch Religion und gesellschaftliche Normen weitgehend über Bord geworfen, die uns früher die Richtung vorgaben. Wer den Lifestyle also als oberflächlich abtut, verpasst die Chance, mit seiner Hilfe zu verstehen, welche unserer emotionalen Grundbedürfnisse wir gerade abzudecken versuchen.

Gerade Äußerlichkeiten sind eine der effektivsten Abkürzungen, um Aufmerksamkeit und Anerkennung zu kassieren. Die Fassade zu pushen und zu pflegen mit falschen Brüsten und Waschbrett-Bäuchen und Bilder davon dann auf Internet-Profilen den Followern zugänglich zu machen, ist ja schon fast ein Garant für Zuwendung. Das ist keine Frage der Oberflächlichkeit, sondern eher ein Ausdruck von einer Sehnsucht – die sich vermarkten lässt.

Die zahlreichen Casting-Shows sind nicht zuletzt deshalb so attraktiv, weil auch sie eine Abkürzung anbieten zum Gesehen- und Anerkanntwerden. Früher musste man als Künstler viel Zeit und Mühe investieren, bis die Medien auf einen aufmerksam geworden sind. Heute kann der Ruhm ganz plötzlich kommen.

Dieser Abkürzungs-Trend ist letztendlich ein Teil der aktuellen Lifestyle-Kultur.

Mit Charme und Macht schafft es der Lifestyle immer wieder, dass es einen Konsum-Weg zu Anerkennung, Liebe und Verbundenheit gibt, und zwar ausdifferenziert für jeden Geldbeutel. Und das Beste daran ist, dass dieser Weg funktioniert: Zumindest kurzfristig stellt sich wunderbar eine Befriedigung der Bedürfnisse ein.

Nur muss man mit der Zeit immer weiter gehen. Denn dieser Konsum-Weg ist im ewigen Wandel. Sowohl die eigene Aufmerksamkeit als auch die der anderen braucht immer wieder neue Reize, um den Abnutzungs- und Gewöhnungseffekt zu vermeiden. Daraus folgt, dass nur derjenige, der sich immer wieder mit den neuen Reizen ausstattet, kurzfristig keine Angst mehr zu haben braucht, nicht dazuzugehören.

Selbst bei Trends, die so daherkommen, als ob wir Konsumenten durch sie von diesen Ängsten entlastet werden, handelt es sich meist doch nur um eine Verschiebung der Anforderungen: Vor einigen Jahren fingen Kosmetikfirmen beispielsweise damit an, uns Frauen vermeintlich vom Druck des weiblichen Schönheitsideals zu entlasten. Man begann, «normal» aussehende Frauen zu zeigen, die sich in ihrer Haut wohlfühlten.

Diese Idee von «Diversity», das heißt: «Menschen sind unterschiedlich, das ist auch gut so, und der Markt sollte das endlich ernst nehmen!», nahm immer weiter Fahrt auf, und anpassungsfähig, wie sie sind, feierten die Marketing-Abteilungen und die Werbung diese neue Vielfalt.

Wenn Sie jetzt aber glauben, Sie dürften mit Ihrem Übergewicht glücklich werden, bräuchten keine klassische Model-Schönheit werden und könnten zufrieden sein mit Ihrem

Nine-to-five-Job, dann haben Sie sich das neue Marketing noch nicht genau angeschaut.

Sie dürfen nur unter *einer* Zeitgeist-Bedingung ganz Sie selbst sein. Nämlich dann, wenn Sie für Ihr Selbstsein eine große Resonanz in den Sozialen Medien erzielen.

Einige Kosmetik- und Fashion-Konzerne sind zwar vom strikten Schönheitsideal weggegangen und zeigen Diversity, also Menschen, die nicht dem Ideal entsprechen, die ganz individuell und dazu authentisch sind.

Doch der Twist ist, dass diese Auserwählten in vielen Fällen vorweisen müssen, dass sie gerade *aufgrund* und *trotz* ihrer Abweichung in den aktuellen Status-Berufen ganz vorne mitspielen. Die eine ist erfolgreiche Fashion-Bloggerin, obwohl sie früher für ihren exzentrischen Style ausgelacht worden ist, die andere war nie schlank und schön und ist jetzt doch Model, und ein weiterer Zeitgeist-Teilnehmer wurde nie ernst genommen, weil er sich als Mann gerne schminkte, und jetzt ist er Botschafter für einen Kosmetik-Riesen.

Die Message ist nun nicht mehr: «Du darfst nicht mitspielen, weil du zu sehr dies und zu sehr das bist», sondern: «Du darfst mitspielen, aber nur, wenn du dich auch so, wie du wirklich bist, in der Ökonomie der Aufmerksamkeit durchsetzen kannst.»

Das ist keine wirkliche Entlastung von den Zeitgeist-Geboten, sondern eher eine neue Verpackung, um sich daran zu messen und sich zu vergleichen, ob man genügt oder nicht.

Der Zeitgeist, der Lifestyle und die Industrie leben ganz gut von dieser unserer Angst, nicht zu genügen, nicht anerkannt und geliebt zu werden.

Und ich habe im Blick, wann es für diese Angst neue Versprechen gibt, wann sich das Zeitgeist-Rad von Mangel und Begehren wieder dreht, um daraus neue Angebote zu kreieren, die für einen kurzen Moment Anerkennung verschaffen und von dem Gefühl des Ungenügens erlösen.

Vor nicht allzu langer Zeit nahm ich an einem Workshop für eine Deodorant-Innovation teil. Viele kluge Leute brachten Informationen und Erkenntnisse aus ihrem jeweiligen Fachbereich ein: Wir erfuhren, wie es um unser aktuelles Verhältnis zum Duft bestellt ist, welche Konkurrenz-Produkte auf dem Deo-Markt sind, was die Marktforschung sagt und vieles mehr. Ein wundervoller Sozialanthropologe eröffnete uns dann noch eine Reise durch unsere vergangene und gegenwärtige Beziehung zu Körpergeruch:

Während Menschen sich früher durch diverse üble Gerüche jeden Tag selbstverständlich «erschnupperten», sind wir heute vornehmlich damit beschäftigt, unseren Körpergeruch zwischen zwei Duschen im Griff zu haben. Körpergeruch ist in unserer Zeit ein absolutes No-Go.

Früher war der Körpergeruch für die Zeitgenossen eine wichtige intuitive Informationsquelle. So entschied sich an ihm, ob man jemanden mochte, ob das Gegenüber genetisch zu einem passte zwecks Fortpflanzung etc.

Heute riechen alle nach Rose, Vanille oder Sandelholz, um den Anschein zu erwecken, keinen eigenen Körpergeruch zu haben. Dieses Parfüm-Potpourri ist die wichtigste Information, die wir heute liefern können, denn wer stinkt, ist raus. Fabelhafte Zeiten für Deos und Co.

Weniger fabelhaft ist allerdings, dass wir in Zeiten leben, in denen die Märkte für die herrschenden Bedürfnisse schon extrem ausdifferenziert sind. Für das Bedürfnis, seinen Körpergeruch unter Kontrolle zu haben, gibt es tausende Angebote. Jedes wirbt mit demselben Grundversprechen und dazu vielleicht noch mit einem neuartigen Duft, mit Langzeitwirkung und Nano-Technologie.

An dem Workshop nahmen auch Männer und Frauen der jeweils gewünschten Zielgruppen teil. Da waren zwei junge Frauen, die ihre bewussten und unbewussten Wünsche und Bedürfnisse mit in den Innovations-Prozess einbringen sollten. Sie machten allerlei Vorschläge, wie sich das neue Deo anfühlen sollte, welche Inhaltsstoffe drin und nicht drin sein sollten und welche Vorteile für den täglichen Gebrauch erstrebenswert wären.

Das meiste von dem, was sie sagten, war hochgradig Zeitgeist-kompatibel. Da war von Avocado-Öl im Deo die Rede, weil dieses so gerne im Superfood-Salat gegessen werde. Vielleicht Anti-Aging-Substanzen für die Achselhöhle, weil die sich selbst beim CrossFit nicht trainieren lasse, und ja, es wäre toll, wenn das Wachstum der Achselhaare durch das Deo verlangsamt werden würde.

Dazu muss man allerdings sagen, dass heute nach Jahren der gefeierten Körperhaarlosigkeit Achselhaare und Co. auch bei den Frauen wieder im Kommen sind. Es gibt sogar schon ein besonderes Öl auf dem Markt, das sich dieser neuen Haarfreude annimmt, mit dem klingenden Namen «Fur» (zu Deutsch: «Pelz»). Dieser Einwand von mir wurde mit gerümpften Nasen abgetan.

Nun, sie waren anscheinend noch nicht so weit. Deswegen behielt ich es auch für mich, dass es in Hamburg unterdessen die ersten «Bärenjäger» gibt. Das sind junge Männer, die es sich zur Aufgabe machen, eine Frau kennenzulernen, die ohne jede Intimrasur daherkommt – natürlich in der Hoffnung, mit diesem «Bär» später vertraut zu werden.

Aber so, wie ich den Zeitgeist-Status-quo der Workshop-Teilnehmer einschätzte, war das eher etwas für die nächste Innovations-Runde.

Der Spaß am Innovations-Geschäft ist ja, dass wir circa alle sieben Jahre genug von einem Zeitgeist-Meta-Konzept haben. Dann ist unsere Aufmerksamkeit für das Thema oft ausgereizt, und wir erfreuen uns wieder an dem Gegenteil oder begrüßen etwas ganz Neues oder eine Mischform von allem. Das Alte mag sich in gewisser Weise etabliert haben, aber seinen Reiz hat es verloren, und nach Jahren der glatten Männerbrüste halten wir kurz inne, wenn sie auf einmal wieder behaart ist. Das passt auch besser zum Vollbart-Trend.

Zurück zum Deo: Mittlerweile hatten wir also unsere Zeitgeist-Parameter beisammen, die einen erfolgversprechenden Anteil der Deo-Innovation ausmachen sollten: Avocado, Anti-Aging und weniger Haarwuchs. Keine wirklichen Avantgarde-Themen, aber eben massenkompatibel.

Doch der Moderator wollte mehr. Er fragte eine der jungen Frauen, wie sie sich mit dem Deo denn fühlen wolle, was sie sich wünsche, was das Deo mit ihr tun solle und warum es ihr eventuell dank dem Deo besser gehen könne.

Die junge Frau stieg mit ihm immer tiefer in das Thema ein, und auf einmal offenbarte sich ihr ganzer Schmerz, nicht zu

genügen. Die ganze Spannung zwischen ihrer Ich-Zeit und ih-
rer Welt-Zeit offenbarte sich uns.

Mit Tränen in den Augen gestand sie, dass sie solche
Angst habe, nicht dazuzugehören. Dass sie sich von einem
Produkt wünsche, ihr diese Angst zu nehmen. Sie hoffe, dass
sie, wenn sie hinfalle, mit Hilfe des Produkts wieder auf-
stehen und weitermachen könne mit ihrem (gelungenen)
Leben.

Bloggerin wolle sie werden. Der Welt zeigen, was sie zu geben
habe, und dafür geliebt werden. Das richtige Deo dafür wäre
hilfreich.

Mag sein, dass dies zur normalen biografischen Gefühlswelt
einer sehr jungen Frau gehört. Mag sein, dass große Unsi-
cherheiten und Selbstzweifel zum Erwachsenwerden dazu-
gehören. Mag sein, dass das alles psychologisch bekannt ist.
Interessant ist dabei allerdings die Dimension, die der Konsum dabei hat. Dass Zeitgeist-Produkte uns dieses kurze
gute Gefühl der Entlastung von der Angst vermitteln und
uns für einen Moment Hoffnung schenken, auf dem richtigen Weg zu sein. Das gute Zeitgeist-Gefühl, Sie erinnern
sich.

Und so winkt jedes Deo, jedes Shampoo, jedes unbedeutendste Produkt mit einem kleinen Erlösungs-Versprechen.
Es erlöst uns von Schuppen, von trockenem Haar, von Körpergeruch. Doch eigentlich erlöst es uns von der Angst, im gegenwärtigen Zeitgeist nicht zu genügen.

Für diese kleinen Erlösungs-Momente gibt es immer wieder neue Zeitgeist-Versprechen.

Jene oft noch zarten Themen aufzuspüren, in einen Kontext zu setzen und auf Produkte für alle unsere Lebensbereiche anzuwenden, ist mein Job.

Oft sind die neuen Verheißungen und Stimmungen nur kleine Hinweise im täglichen Zeit-Geschehen. Sie geben mir Auskunft darüber, mit welchen Versprechen der Zeitgeist als nächstes vorhat, zu verführen.

Diese teilweise unmerklichen Besonderheiten können, wenn sie in ein Produkt eingebaut werden, einen wichtigen Aufmerksamkeits-Mehrwert in unserer ausdifferenzierten Angebotswelt ausmachen. So ein neues Zeitgeist-Attribut kann darüber entscheiden, ob ein Produkt wie ein Deo auf dem Markt eine Wahrnehmungs-Erfrischung bei den Kunden auslöst, sie berührt und dann für den ultimativen Kaufimpuls sorgt.

Wenn das passiert, hat das Produkt diesen besonderen Zeitgeist-Moment eingefangen.

Zeitgeistforschung in der Praxis

Die Industrie überlegt sich laufend neue Strategien, um die Aufmerksamkeit ihrer Kunden zu gewinnen. Diverse Studien, «Consumer Insights»-Reports, Big Data und Marktforschung liegen diesen Konzepten für die Kundengewinnung der Zukunft zugrunde.

Dieses Wissen und die Erkenntnisse werden dann mit den Markenanforderungen abgestimmt, und heraus kommt ein erster Plan, wie das Projekt angegangen wird. Dann kommt die Anfrage an mich und mein Team, ob wir einen speziellen

«Zeitgeist-Goldstaub» für diese neue Strategie erforschen und entwickeln können, damit das Produkt am Ende auch noch diesen besonderen Moment einfängt, einen Unterschied im Markt macht und zum Erfolg wird.

Ein Parfümhersteller beauftragte uns einmal, Zeitgeist-Input für folgende Konzept-Ideen zu erforschen: «Sommer-Spaß», «Freizeit», «Frische», «Sexy».

Schnell hat man bei diesen Themen die passenden Bilder im Kopf und könnte auf dieser Basis eine Marketingstrategie entwickeln.

Für das «Sommer-Spaß-Sexy-Freizeit»-Konzept wäre zum Beispiel das Image von jungen fröhlichen Menschen, die Spaß am Strand haben, ein funktionierender Allgemeinplatz. Keine Frage, das ist ein tolles Sehnsuchtsbild. Doch überlegen Sie mal, wie viele Produkte mit genau diesem Bild beworben werden! Da ist alles dabei: Bademode, Alkohol, Versicherung, Waschmittel, Nagellack etc.

Bedient man sich hier ohne Zeitgeist-Check einfach nur der bekannten Allgemeinplätze, läuft man Gefahr, ähnlich wie bei dem Thema «Wie verführt in Zukunft ein Mann eine Frau?», mit Versprechen zu werben, die an Verführungskraft nachgelassen haben.

Wenn Sie für Ihr Produkt einen Aufmerksamkeits-Mehrwert auf Zeitgeist-Ebene erzielen wollen, sollten Sie vielmehr mit der unbewussten Sehnsucht arbeiten, die sich gerade in das kollektive Unterbewusstsein der Kunden einschleicht. Sie können gerne junge Menschen am Strand zeigen, doch sollten diese Bilder mit Zeitgeist gewürzt werden.

Nehmen wir für dieses Vorhaben mal die Begriffe «Sommer», «Spaß», «Freizeit» und «Sexy» auseinander und schauen, mit welcher neuen Zeitgeist-Bedeutung sie gerade aufgeladen werden.

Neuen Versprechen des «Sommer»-Themas ist man auf der Spur, indem man erforscht, wo die neuen Hotspots und Anziehungspunkte für Sommer augenblicklich sind. Wo fährt man im Sommer hin? Was wird dort gemacht? Was ist der neue «Look and Feel»? Ist Sommer überhaupt noch eine Jahreszeit, oder ist Sommer ein Gefühl für das ganze Jahr geworden? Was macht die Kunst? Wie setzen junge Fotografen das Sommerthema um? Gibt es dort Hinweise auf neue Sehnsüchte, Stimmungen und Versprechen, wie wir den Sommer neu anziehend in Szene setzen könnten?

Bei dem Thema «Spaß» stellt sich die Frage, was uns eigentlich jetzt und in einer nahen Zukunft neuen Spaß bereiten wird, abseits von den bekannten Allgemeinplätzen. Möglicherweise liegt der Aufmerksamkeits-Mehrwert weniger auf dem Thema «Spaß haben» à la «lachende Menschen auf einer Party», sondern mehr im Vergnügen und der Freude, die man bei einer bestimmten Aktion empfindet?

Im gegenwärtigen Zeitgeist könnte eine Art Aktivismus die spaßige Zeitgeist-Seele mehr berühren als das millionste Bild von «Let's have fun». Dafür würde man nach Beispielen in der Nische und in der Avantgarde Ausschau halten, wo das Thema Aktivismus schon spannend und Status-tauglich in Szene gesetzt wird.

Man könnte erforschen, ob Aktivismus in Form von Plastik-aus-dem-Meer-Fischen oder Feminismus-Popkultur einen neuen Spaß-Faktor generiert, der sich vermarkten lässt. Oder man legt das Augenmerk auf den aktuellen androgynen Fashion- und Identitätstrend, bei dem voller Vergnügen damit gespielt wird, dass nicht erkennbar ist, wer ein Junge und wer ein Mädchen ist. Vielleicht könnte auch die Ermutigung zu mehr Diversity, also der Vielfältigkeit im Gesellschaftsbild, eine Spaß machende Aktion sein?

Bei dem Thema «Sexy» wäre es natürlich ein Ansatz, die Zeitgeist-Verführung entsprechend von «Wow, ich finde dich interessant und helfe dir, das zu werden, was du sein willst» markentauglich zu inszenieren.

Wenn wir jetzt die drei Begriffe Sommer, Spaß und Sexy samt den dazugehörigen Zeitgeist-Impulsen zusammennehmen, entsteht ein neues Gesamtbild, das weniger mit Allgemeinplätzen, aber dafür mehr mit den aktuellen Sehnsüchten und unbewussten Bedürfnissen der Zeitgeist-Teilnehmer spielt.

Das Parfüm könnte sich dann im Marketing-Werbebereich für seine Kunden wie folgt präsentieren:

Ein Mann und eine Frau sind im Sommer auf der gleichen Party auf der kroatischen Insel Hvar, einem blühenden Hotspot am Adriatischen Meer, der dabei ist, zunehmend eine Konkurrenz für St. Tropez zu werden. Die ganze Szenerie ist getaucht in einen «Look and Feel», welcher der neuen visuellen Ästhetik der jungen, aktuell aufstrebenden Fotografen entspricht.

Anstatt dort nur Party zu machen, ist sie heimlich vor Ort mit einer wilden «Rettet die Meere»-Aktion beschäftigt. Dabei gibt sie sich als ziemlich cooler Junge aus. Die beiden lernen

sich kennen, und er findet heraus, was sie dort wirklich macht
… und dass sie eigentlich ein Mädchen ist.

Das findet er natürlich extrem sexy und unterstützt sie so-
gleich in ihrem Tun. Die beiden haben viel Spaß, und am
Ende wird das Parfüm eingeblendet, das «Drifting Diversity»
heißt.

So eine Art Image ist anschlussfähig für das aktuelle Zeitgeist-Training, das die Zeitgeist-Teilnehmer gerade durchlaufen.

Oft reicht so ein Zeitgeist-Impuls als Gewürz oder Salz in
der Innovations-Strategie aus, um dem Produkt einen ent-
scheidenden Kick für den Markt-Erfolg mitzugeben.

Zeitgeist-Forschung liefert somit richtungsweisende Anre-
gungen, um ein Produkt oder eine Dienstleistung mit der aufstrebenden emotionalen DNA der Gesellschaft zu verbinden.
Das Produkt bekommt dann die «Must-have»-Ausstrahlung,
um dem bestehenden oder aufkommenden Lebensideal näherzukommen.

Auf diese Art und Weise können Sie jedes Thema, jedes
Konzept und jeden Innovations-Ansatz mit Zeitgeist würzen.
Je nachdem, wie viel Sie für Ihre Unternehmung brauchen.

Die entsprechenden Zeitgeist-Impulse dafür findet man
meist ganz woanders, als in der Regel vermutet wird. Wenn
der Kunde in einer bestimmten Branche zuhause ist, ist es
für den Zeitgeist-Innovationsprozess oft viel interessanter, in
artfremden Branchen zu forschen und dort zu schauen, was
die Zeitgeist-Teilnehmer und Kunden da gerade lernen. Um
dann zu überlegen, ob sich diese neue Stimmung vielleicht
aufs eigene Geschäft übertragen lässt. Zum Beispiel könnte

der Tütensuppen-Hersteller sich fragen, was die Erfolgs-Serie «Chef's Table» auf Netflix für einen innovativen Mehrwert für sein Produkt haben könnte.

Zeitgeist-Forschung für Unternehmen bedeutet, sich in der Gesellschaft umzuschauen und die neuen Spannungsfelder für die Zukunft auszumachen: Wo entstehen gerade neue Themen, Stimmungen, Sehnsüchte, Mängel? Wo will das Neue in die Welt? Welche Zeitgeist-Kräfte sind bei den Menschen gerade am Wirken? Von welchen Ideen, Impulsen, Mythen werden sie gerade erfasst? Welchen Geschichten vertrauen sie für ein gelungenes Leben?

Sind diese neuen Spannungsfelder erst einmal ausgemacht, kann man sie auf unterschiedlichste Produkte aus den verschiedensten Lebensbereichen anwenden.

Parfüm, Shampoo, Tütensuppen etc. werden so zu kleinen Zeitgeist-Verführern mit flüchtigen Erlösungs-Momenten für die aktuelle Idee von einem gelungenen Leben.

«Der Zeitgeist, der Lifestyle und die Industrie leben ganz gut von dieser unserer Angst, nicht zu genügen, nicht anerkannt und geliebt zu werden.»

«Jedes Deo, jedes Shampoo, jedes unbedeutendste Produkt winkt mit einem kleinen Erlösungs-Versprechen. Es erlöst uns von Schuppen, von trockenem Haar, von Körpergeruch. Doch eigentlich erlöst es uns von der Angst, im gegenwärtigen Zeitgeist nicht zu genügen.»

«Parfüm, Shampoo, Tütensuppen etc. werden so zu kleinen Zeitgeist-Verführern mit flüchtigen Erlösungs-Momenten für die aktuelle Idee von einem gelungenen Leben.»

Kapitel 8

Der Zeitgeist-Blick

Zeitgeist-Forschung ist letzten Endes eine Wahrnehmungs-Schule, eine Achtsamkeits-Übung für das Geflüster – und auch das Getöse – der Zeitgeist-Dynamik. So kommt man nicht nur in Distanz zu seiner «Ich-Zeit versus Welt-Zeit»-Spannung, sondern man kann auch jedes Thema, jede Fragestellung und jedes Konzept im Zeitgeist-Kontext untersuchen und die Ergebnisse in seine Fragestellungen und Entscheidungen integrieren.

Dafür braucht es etwas, das ich den «Zeitgeist-Blick» nenne. Mit Hilfe der in den Kulturwissenschaften etablierten Methode der «unstrukturierten Beobachtung» übt man sich in Alltagsbeobachtung und trainiert eine ganzheitliche Wahrnehmung ohne feste Absicht und ohne festen Plan. Hierbei dehnt man seine Aufmerksamkeit auf das gesamte Geschehen im Alltag aus. So gelingt es, auch die kleinen Hinweise aus dem Zeitgeist-Geschehen wahrzunehmen.

Im Prinzip schaut und staunt man einfach nur und – ganz wichtig – bewertet erst einmal nichts von dem, was man sieht und wahrnimmt. Also keine Meinung, kein «Das verstehe ich nicht!» oder: «Die sind ja alle verrückt». Denn wo immer etwas passiert, gibt es auch etwas zu verstehen.

Das Neue kündigt sich Ihnen nicht an bestimmten Orten an oder sagt: «Montag in einer Woche um 12.30 Uhr findest du mich im Silicon Valley an der Ecke XY.»

Es gibt sicherlich Zeiten und Räume, in denen wir das Neue mehr vermuten als woanders. Doch von der Zeitgeist-Dynamik her kann das Neue überall und nirgends erscheinen.

Wenn Sie sich einen Plan machen, Hypothesen aufstellen und sich generalstabsmäßig vorbereitet auf die Suche nach dem Neuen begeben, finden Sie eher das, was schon Ihren Vorstellungen und Erwartungen entspricht, als das, was wirklich neu ist. Um das Neue zu sehen, brauchen Sie vielmehr einen offenen Geist als einen perfekt strukturierten. Zeitgeist-Forschung ist mehr eine intuitive Expedition durch das feine Rauschen von jedem Tag als das Herumstochern in einem abgezirkelten Ausgrabungsfeld.

Wenn Sie also das nächste Mal etwas Neues sehen, ein Produkt oder einen Film zum Beispiel, könnten Sie etwas Zeitgeist-Achtsamkeit einüben. Überlegen Sie einfach, was das Neue zu bedeuten hat, und nicht, wie Sie es finden. Was will Ihnen das Neue über die Zukunft erzählen? Denn auf einmal ist sie da, die interessante zusätzliche Information über Bio-Produkte, NSA, G8-Gymnasium oder Achtsamkeit. Und dieses Neue trägt in seinem Kern bereits den zukünftigen innovativen Code, der bereit ist, unsere verschiedenen Lebensbereiche zu erobern und zu verändern und damit unser ganzes Denken, Handeln und Fühlen.

Dieses Neue entsteht gerne in den besagten Spannungsfeldern. Dort wird durch einen Mangel im aktuellen Zeitgeist das Neue aktiv. Man erkennt es an gesellschaftlichen Überhängen, kulturellen Übertreibungen, Unregelmäßigkeiten und Gegensätzen, die eine Bereitschaft zum Wandel ankündigen. Praktisch gesagt, ist es besonders interessant, danach Ausschau zu halten, wo einem etwas ganz komisch vorkommt, wo irgendein Zeitgenosse etwas schon ganz anders macht, wo Ihr erster Impuls ist: «Das glaube ich jetzt nicht.» Genau hier wird es interessant.

An diesen frischen Zeit-Zeichen entspringt das neue Fieber des Aufbruchs. Zeitzeugen für das neue Fieber sind Filme, Ideen, Untertitel auf Verpackungen, Bücher, Musik, Theater, Festivals, Innovationen, Meinungen oder auch nur das aufgeschnappte Gespräch zwischen zwei Teenagern in der U-Bahn.

Ein winziges Detail kann der Schlüssel zur Zeitgeist-Erkenntnis sein. Gerne möchte ich hier den Begriff «Small Data» von dem Autor Martin Lindstrom aus seinem gleichnamigen Buch entlehnen. Die kleinen Details aus dem täglichen Zeitgeist-Fluss sind in der Tat Small-Data-Phänomene, die erste Anhaltspunkte dafür liefern, wo sich etwas zusammenbraut, aus dem in naher Zukunft mal Big Data entstehen kann und wird.

Achtung, Zeitgeist-Falle: «Ich finde» versus «Was hat das zu bedeuten?»

Der stärkste Antagonist für den Zeitgeist-Blick und den dafür erforderlichen offenen Geist ist Ihre Meinung. Meinung ist eine feine Sache, wenn es darum geht, sich im Leben zu orientieren. Wenn Sie zum Beispiel immer nur schauend und staunend durch den Supermarkt gehen würden, würden Sie Ihre To-do-Liste nicht schaffen.

Aber Sie könnten auch durch den Supermarkt laufen, sich an dem orientieren, das heute eingekauft werden sollte, und plötzlich halten Sie inne und sehen Eier mit hohem Omega-3-Gehalt namens «Smart Egg», Untertitel: «Mit Smart Egg wird Ihr Gehirn optimal versorgt für bessere Leistung in Schule und Beruf».

Jetzt ist normalerweise der Zeitpunkt für Ihre Meinung gekommen. Entweder Sie denken: «Oh je, jetzt drehen die total durch», oder: «Oh, das ist interessant, das probier ich mal.» Je nachdem, wo Sie im Zeitgeist stehen, werden Sie das Neue negativ oder positiv bewerten; vielleicht ist es Ihnen auch einfach egal, und Sie nehmen gar keine Notiz davon.

Dann haben Sie zwar eine Meinung, aber über den Zeitgeist haben Sie noch nichts erfahren.

Um einen Geist wie den Zeitgeist zu erforschen, muss man erst einmal die Gespenster aus dem eigenen Kopf vertreiben.

Immer wenn Sie in Zukunft denken: «Das geht gar nicht!», «Das verstehe ich nicht», «Damit will ich nichts zu tun haben», halten Sie bitte kurz inne. Schieben Sie den «Ich finde»-Filter beiseite, setzen Sie sich die Zeitgeist-Brille auf und schalten Sie in den «Was hat das zu bedeuten?»-Modus.

An genau dieser Stelle möchte der Zeitgeist Ihnen etwas über den Wandel erzählen. Genau dort ist er gerade dabei, das Neue in die Welt zu bringen.

Sie lesen zum Beispiel davon, dass eine junge Autorin aus New York ein Buch über das Phänomen Polyamorie herausgebracht hat, dessen zunehmende Verbreitung sie in ihrem

Umfeld und in der Gesellschaft beobachtet. Polyamorie ist laut Definition die Praxis, der Zustand oder die Fähigkeit, mehr als eine liebevolle sexuelle Beziehung zur gleichen Zeit zu führen, mit vollem Wissen und Einverständnis aller beteiligten Partner.

Ihr erster Impuls ist jetzt vielleicht: «Ja klar, jetzt haben die wieder einen neuen Namen für Fremdgehen ohne schlechtes Gewissen», oder Sie denken: «Die Menschen sind heute einfach nicht mehr in der Lage, sich festzulegen», oder: «Diese Selbstverwirklichung von Frauen macht die Familie kaputt», oder: «Wow, cool, ich muss unbedingt nach New York.»

Egal, was Sie denken, egal, was Sie finden, hier gibt es ein Phänomen zu bestaunen und damit auch etwas zu verstehen. Alles, was passiert, hat eine Bedeutung, und wer sich für die Bedeutung interessiert, emanzipiert sich von Vorverurteilungen, Bewertungen und damit von Meinungen, die einen von Erkenntnissen trennen.

Und wer weiß, was Sie mit diesen neuen Erkenntnissen alles anstellen könnten? Sie könnten sie nutzen, um zum Beispiel andere von Ihrer Person oder Ihrem Produkt zu überzeugen, oder Sie erkennen auf einmal sich selbst ganz neu im Zeitgeist.

Sich bei Smart-Eggs zu überlegen: «Was hat das zu bedeuten?», ist natürlich deutlich leichter als bei einem Phänomen wie Polyamorie. Gerade bei Liebe und Sex sind wir nicht nur schnell mit Meinungen und Ängsten dabei, sondern auch mit Allgemeinplätzen.

Da brechen schnell die Argumente durch, die mit «Das weiß doch jeder!» oder «Das ist so!» bekräftigt werden.

«Männer sind triebgesteuert und wollen nur das Eine» ist so ein beliebter Allgemeinplatz. Auch «Frauen müssen emotional involviert sein, um sich auf Sex einlassen zu können», ist nach wie vor gängig, obwohl das schon hinreichend überforscht wurde und ein einfacher Streifzug durch das aktuelle Nachtleben und die Sozialen Medien dieses weibliche Verhalten nicht mehr als naturgegeben bestätigen.

Der aktuelle Zeitgeist hat die enge Definition der Geschlechter schon längst weit geöffnet. Von metrosexuell bis pansexuell ist heute alles erlaubt, um die eigene Geschlechtsidentität zu erfahren. «Nur» Mann oder Frau zu sein, scheint keine spannende Statusmeldung mehr zu sein. Im Rahmen der Selbstwirksamkeit ist auch die Frage des Geschlechts zum individuellen Abenteuer geworden. Der Zeitgeist macht auch hiervor nicht Halt.

Und so klingt es für viele heutige Ohren interessant, wenn die Sängerin und Schauspielerin Miley Cyrus verkündet, pansexuell zu sein, was so viel heißt wie: dass sie theoretisch für alle Menschen sexuelle oder romantische Gefühle empfinden kann – für Männer, Frauen und alle Geschlechtsidentitäten dazwischen auch. Als Begründung gibt Frau Cyrus an, sich die Welt der Frauen angeschaut zu haben und die der Männer auch. Fazit: Beides «sucks», das heißt, beides nervt. Da keines der Konzepte sie dazu verführen konnte, sich damit zu identifizieren, macht sie jetzt einfach auf Basis der ganzen Auswahl ihr eigenes Ding.

Und viele finden: Warum auch nicht? Die Zeitschriften sind voll von androgynen Models und Styles, und Facebook muss jetzt für die Userprofile schließlich auch viele Geschlechts-Optionen anbieten.

Auch wenn uns diese Themen noch etwas fremd vorkommen, so hat der Zeitgeist uns schon längst ausreichend in diese Richtung trainiert.

Denn wer anhand seiner DNA herausfinden kann, wohin er reisen will und was er essen darf, wer seinem inneren Kompass folgt und auf seine innere Stimme hört, der findet auf diesem Weg vielleicht auch heraus, dass er nicht Mann und auch nicht Frau ist, sondern irgendetwas anderes.

Wenn es darum geht, Allgemeinplätze zu überschreiben, arbeitet das Neue nur langsam. Auch wenn die Zeitgeist-Innovateure wild herumexperimentieren und wir ihnen dabei interessiert zuschauen, so definieren sich die meisten von uns doch immer noch als Mann oder Frau. Und das wird wohl auch noch eine Weile so bleiben.

Bei der Auseinandersetzung mit Allgemeinplätzen ist es wichtig zu bedenken, dass es hierbei sehr oft darum geht, das eigene Identitäts-Backup zu bewahren. Und wenn es zum Beispiel für einen Mann wichtig ist, dass Frauen weniger «triebhaft» sind als Männer, dann ist das so – und wird verteidigt. Dass Männer triebgesteuert sind und immer nur das Eine wollen, ist ebenfalls ein wunderbarer Erklärungsansatz, womit manche Frauen ihr klares Weltbild aufrechterhalten können.

Ich möchte an dieser Stelle nicht in die Tiefen des Mann-Frau-Themas hinabsteigen, sondern lediglich verdeutlichen, dass solche Allgemeinplätze zwar Orientierung und eine gewisse Identitäts-Sicherheit geben, aber um ein neues Zeitgeist-Phänomen wie zum Beispiel Polyamorie zu verstehen, weniger hilfreich sind.

Je weniger Meinungen, vorgelagerte Vorstellungen und Allgemeinplätze Sie zu einem Thema haben, umso näher sind Sie am objektiven Erkennen.

Aber zurück zum Paarungsverhalten der Geschlechter. Was hat ein Phänomen wie Polyamorie zu bedeuten?

Unter dem Aspekt des Zeitgeist-Blicks sind die interessanten Fragen hier: Warum ist Polyamorie jetzt und hier ein Thema? Welche Meta-Konzepte sind dabei am Wirken?

Halten wir mal fest, in welchen Themen die Zeitgeist-Teilnehmer gerade trainiert werden: Wir sollen völlig autonome Autoren unserer eigenen Biografie sein; Connectivity, die totale Verbindung, ist das Schlagwort der Stunde; wir sollen unserer inneren Stimme folgen, unser Ding machen, uns vollkommen selbst erfahren und dazu noch optimieren; «Nonstop me» soll unser Motto sein; wir beginnen, immer intensiver an unseren emotionalen, kommunikativen und bewussten Fähigkeiten zu arbeiten; wir lernen in der Spiritualität, dass alles sowieso mit allem verbunden und eins ist.

Den auf diese Gedanken geprägten Zeitgeist-Teilnehmer auf Jahrzehnte in eine andauernde monogame Zweierbeziehung zu stecken, wird schwierig.

Das bedeutet nicht, dass man sich nicht mehr über das Finden der einzigen Liebe freut. Aber wir haben unsere neuen Zeitgeist-Themen auf das Liebesspiel ausgeweitet und sind in der Lage, uns auch in diesem Lebensbereich in ihnen zu üben.

Polyamorie ist im Kontext der Zeitgeist-Forschung also vor allem ein Ausdruck der neuen Kompetenzen, die wir im vergangenen und aktuellen Zeitgeist entwickelt haben.

Und um das zu sehen, brauchen Sie den Zeitgeist-Blick. So können Sie sich Phänomenen nähern, ohne in die Fallen «Meinung» und «Allgemeinplatz» zu tappen.

Das Eigene und das Fremde

Der Zeitgeist-Blick fordert unsere gewohnte Wahrnehmung heraus. Doch es kann sehr erfrischend sein, die subjektive Ebene zu verlassen und einfach mal zu überlegen: «Was hat XY zu bedeuten?»

Das klingt jetzt erst einmal alles andere als locker-flockig und leicht. Doch wie alles andere muss man auch den Zeitgeist-Blick üben. Nicht zu bewerten und nicht zu beurteilen, ist eine Sache des Wollens und des Trainings. Ähnlich wie das Ideal der «Achtsamkeit», das der Zeitgeist uns momentan empfiehlt, verlangt der Zeitgeist-Blick einen großen Abstand von unserem gewohnten Selbst, damit wir nicht nur das Eigene, sondern auch das andere als Erkenntnislieferant erfassen können.

Ich hatte das Glück, dieses Training schon in meinem Studium absolvieren zu dürfen. In verschiedenen Kursen rund ums Thema Kulturwissenschaft ging es darum, unsere Prägungen und Meinungen in Frage zu stellen, wenn das Eigene auf das Fremde trifft. Größtmögliche Achtsamkeit war gefragt, wenn unsere Wahrnehmung herausgefordert wurde. Wir lernten, dass unser vorläufiges Selbstkonzept nicht der Weisheit letzter Schluss ist und dass das Erkunden des Fremden meist eine Einladung ist, die wir nicht ausschlagen sollten.

Um diese Herausforderung für die Wahrnehmung zu üben, mussten wir uns einmal in einem Kurs einen Namen ausdenken, der keinerlei Informationen über uns preisgab. Ziel war es, sich mit solch einem Namen bei Fremden vorzustellen, um so die gewohnte Wahrnehmung unseres Gegenübers herauszufordern.

Wenn Sie normalerweise Ihren Namen sagen, geben Sie sofort eine Fülle von Informationen über sich preis. Zusätzlich zum Geschlecht kann Ihr Name Ihr ungefähres Alter verraten, je nachdem ob Sie Manfred oder Finn heißen, und außerdem kann er Rückschlüsse darüber zulassen, ob Sie eventuell einen Migrationshintergrund haben oder Ihre Eltern große Bewunderer eines bekannten Romans, eines Künstlers oder – neuerdings beliebt – «Krieg der Sterne»-Fan sind. Allein im Kindergarten meiner Tochter tummelten sich fünf «Lukes».

Diese Informationen, die wir allein durch den Namen unseres Gegenübers erhalten, scannen wir unbewusst und orientieren uns daran.

Was passiert also, wenn Sie jemand Neues kennenlernen und diese Person einen Namen nennt, der jede Einordnung unmöglich macht? Sie werden wahrscheinlich sehr aufmerksam und versuchen, sich diesem Phänomen irgendwie zu nähern. Ihre Achtsamkeit und Wahrnehmung sind jetzt extrem aufgeweckt.

Genau das hat meine Studenten-Gruppe dann auch erlebt,

als wir uns aufmachten, in einem Selbstversuch diese Orientie-rungs-Störung zu testen.

Dabei ist es gar nicht einfach, sich einen Namen aus-zudenken, der nahezu ohne Informationen daherkommt.

In der klassischen und exotischen Namenswelt wurden wir nicht fündig. Auch der Name «Jade Fuchs» hätte zwar für Ver-wunderung gesorgt, aber man hätte wahrscheinlich schnell in-dianische Wurzeln vermutet. Wir versuchten es mit Obst- und Gemüsenamen. Doch auch eine Kirsche oder Banane hält eine Menge Assoziations-Potenzial für das Gegenüber bereit.

Schlussendlich nannte ich mich einfach nur «Fuß», und mein Kommilitone gab sich den Namen «Knie».

Mit diesen, wie wir fanden, informationsneutralen Namen machten wir uns auf, fremde Zeitgeist-Teilnehmer kennen-zulernen, um sie in ihrer Orientierung und damit in ihrer Wahrnehmung zu stören.

Und in der Tat, als ich mich mit «Mein Name ist Fuß» vor-stellte, hielt das Gegenüber inne, schaute mich ungläubig an und fragte, ob das mein Ernst wäre. Ich beteuerte das unge-rührt und tat überzeugend so, als ob das der natürlichste Name der Welt wäre.

Mein Gegenüber richtete sich in der Regel auf, und ich hatte auf einmal die ganze Aufmerksamkeit. Das Unvermögen, mich intuitiv einzuordnen, brachte die bewusste Wahrnehmung auf den Plan. Mit prüfenden Fragen wurde versucht, schnell An-haltspunkte zu meiner Person zu erfassen. Man überlegte, was das alles zu bedeuten hätte, und fahndete konzentriert nach einem neuen Kontext, der eine erste Einordnung möglich machte.

Genauso aufmerksam und achtsam sollten Sie sein, wenn sich das Neue bei Ihnen namentlich vorstellt. Denn wenn Sie eine Sache nicht einordnen können, wird es erst interessant. Haken Sie Neuigkeiten nicht vorschnell ab und stopfen Sie sie nicht zu schnell in eine von Ihren mentalen Schubladen. Seien Sie wachsam, und nähern Sie sich diesem Phänomen mit «Was hat das zu bedeuten?». So haben Sie die Zeitkräfte besser im Blick, erkennen Chancen und treffen mündigere Entscheidungen für Ihr Selbstbild.

Wenn Sie also das Prinzip von «Was hat das zu bedeuten?» versus «Ich finde» in Ihrem Leben trainieren, lernen Sie auf einer Nebenspur Ihres Gehirns, die vielen kleinen Small-Data-Fragmente der Zeitgeist-Flüsterei intuitiv aufzunehmen.

Also, lassen Sie sich stören von der Zeitgeist-Dynamik. Werden Sie hellhörig, wenn das Neue sich Ihnen mit komischen Namen vorstellt. Und sei es auch nur ein Hygge-Kaffee.

Der Zeitgeist will «erwachsen» werden

Nun haben Sie den Zeitgeist-Blick, und die täglichen Informationen und Eindrücke strömen im «Was hat das zu bedeuten?»-Modus durch Ihren Kopf. Jetzt gilt es zu schauen, ob sich aus diesen Daten-Strömen ein neues Muster herauskristallisiert. Ein Muster, das den aktuellen Mangel und die neuen Bedürfnisse der Zeitgeist-Teilnehmer schon erkennen lässt.

Mit ein bisschen Übung werden Sie aus dem Datenstrom neue Anziehungspunkte (Attraktoren) herausfiltern. Irgendetwas, das besonders auffällig ist, Ihnen schräg vorkommt, sich unterschwellig verschiedentlich wiederholt oder mal was ganz Fremdartiges darstellt. Oder Sie merken ganz einfach an sich selbst, dass dieses Neue relevant ist, weil es Ihren aufkommenden Mangel schon bedient, deshalb Ihr Interesse weckt und Ihre Aufmerksamkeit bindet.

Wenn Sie dann als zunehmend bewusster werdender Zeitgeist-Teilnehmer an einem Small-Data-Fragment hängenbleiben, müssen Sie erst einmal gar nicht wissen, warum. Sie behalten das Fragment im Hinterkopf und lassen es ruhen.

Da Sie jetzt einem neuen Impuls auf der Spur sind, könnten Sie relativ schnell merken, dass sich noch andere Fragmente dazugesellen, meist aus ganz anderen Lebensbereichen. Und wenn das Ganze dann anfängt, sich immer deutlicher abzubilden, haben Sie eventuell eine neue Zeitgeist-Konstellation aufgetan, eine neue Spannung im Feld zwischen Mangel und Begehren.

Je nach Kraft des neuen Zeitgeist-Impulses wird es Ihren Mitmenschen früher oder später ähnlich gehen wie Ihnen. Auf diese Weise kommt das Neue in die Welt und erlangt Bedeutung.

Exkurs: Grown-up Society

Vor einigen Jahren tauchte ein besonders signifikantes Small-Data-Fragment in meinem Datenstrom auf.

Ich hörte von einem Start-up-Unternehmen in Boston, welches sich «Society of Grownups» nannte. Im Großen und Ganzen bietet die «Society of Grownups» Kurse für die an, bei denen es um den vorausschauenden Umgang mit Geld geht, zum Beispiel beim Ausarbeiten von Finanzplänen, wenn man ein Haus kaufen oder Vermögen aufbauen will, oder wie Freelancer sich finanziell aufstellen sollten, wie man finanziell sinnvoll Urlaubspläne macht oder als Working Mom Geld beiseiteschafft. Erwachsene Themen eben, die nach erwachsenen Handlungen verlangen.

Das Start-up-Unternehmen geht davon aus, dass junge Menschen diese Fähigkeiten nicht mehr von ihrer Erziehung und von den Ausbildungsstätten mitbekommen. Es macht hier einen Mangel aus und bietet dafür Lösungen an – mit großer Resonanz.

Was mich allerdings hellhörig machte, war weniger der umsichtige Umgang mit Finanzen, sondern der Name und der Anspruch: «Welcome to the Society of Grownups – helping you find your inner adult. A Master Program for Adulthood» – «Willkommen in der Gesellschaft der ganz Großen. Wir helfen Ihnen, den Erwachsenen in Ihnen drin zu finden. Ein Master-Programm für das Erwachsenenalter».

Meine erste Überlegung war: «Jetzt sind wir seit Jahren auf der Suche nach dem inneren Kind und verlängern unsere Jugend so lange wie möglich, und nun gibt es die Aufforderung, seinen inneren Erwachsenen zu suchen und zu finden ... Warum jetzt? Da geht was!» Ich speicherte die Information und behielt das Fragment im Hinterkopf.

Wenige Zeit später las ich einen Bericht über die Start-up-Szene in San Francisco. Im Artikel wurden die Bewohner der sogenannten «Hacker Hostels» beschrieben: Junge Glücksritter, die mit ihren IT-Ideen auf der Suche nach Verbündeten und Investoren sind, um das ganz große Ding zu drehen.

Im Rahmen dieses Artikels kamen auch diverse «Business-Angel» zu Wort. Das sind Leute, die es sich zur Aufgabe gemacht haben, in junge, hoffnungsvolle Start-up-Unternehmen zu investieren. Einer dieser Business-Angel meinte, dass es für die Start-up-Szene Zeit sei, erwachsen zu werden. Vieles, was aus dem Silicon Valley käme, denke zu kurz, und man überlege sich doppelt und dreifach, ob solche unausgereiften Geschäftsideen die Zeit und das Geld wert seien. Investments wären nicht wie Sex, sondern eher wie Kinder aufziehen.

Da war es wieder, das Wort «erwachsen» in einem aktuellen Kontext. Ich behielt es wieder im Hinterkopf und lauschte weiter auf meinen täglichen Datenstrom.

Dann fiel mir ein Buch in die Hände von dem Autor Michael Winterhoff: «Mythos Überforderung – was wir gewinnen, wenn wir uns erwachsen verhalten». Darin beschreibt er, dass selbst die Erwachsenen heute wieder lernen müssen, sich auch erwachsen zu verhalten.

Seine These, in groben Zügen zusammengefasst, lautet, dass wir durch die Digitalisierung ständig erreichbar sind, und die Flut an Informationen, der wir uns aussetzen, überfordert uns permanent. Das allein ist jetzt nicht so neu, aber die Schlussfolgerung birgt Neuigkeiten:

Winterhoff zeigt nämlich auf, dass wir durch diese Entwicklung nur noch re-agieren, statt zu agieren. Dieses Verhalten regrediere uns, sprich, wir fielen kollektiv in ein kindliches Stadium und seien fremdbestimmt wie Kinder.

Dadurch kommen uns Eigenschaften einer erwachsenen Persönlichkeitsentwicklung abhanden, wie zum Beispiel Umsichtigkeit, Vorausdenken, Kreativität und Robustheit. Also all das, was eine stabile Ich-Struktur braucht, die es ermöglicht, sich selbstbestimmt zu begrenzen, eigene Entscheidungen zu treffen und mündig zu handeln.

In dem jetzigen Zeitgeist-System, so Winterhoff, würden wir uns oft nur lustbetont um uns selbst drehen. Der entstandene Tunnelblick versperre uns den Blick fürs Ganze. Wir denken, selbstbestimmt zu sein, weil wir überall aus so vielen Optionen wählen dürfen, aber eigentlich driften wir nur frei durch den Raum und loggen uns mal hier und mal dort ein.

So bleiben wir auf der Stufe von Kleinkindern stehen und versuchen gleichzeitig, unser Leben durch die Digitalisierung zu kontrollieren und zu optimieren. Ohne eigene Entscheidungsfreiheit, wann jetzt Schluss ist und wann etwas aufhört, uns gutzutun. Dieses Dilemma spiegelt sich auch in der Kindererziehung. Keiner wird mehr richtig erwachsen in unserer Gesellschaft, weder die Erwachsenen noch die Kinder.

Harvard hat übrigens vor wenigen Jahren eine Studie rausgebracht, die ähnliche Ergebnisse vorweist und Sorgen um die Ich-Stabilität der Digital Natives aufkommen ließ.

Das Gegenmittel für diese Entwicklung ist sowohl bei Herrn Winterhoff als auch bei Harvard die Intuition: Bei Winterhoff setzt sich die Intuition gegen das kopfgesteuerte «Ich sehe vor lauter Bäumen den Wald nicht mehr», in dessen Bann uns die Digitalisierung gefangen hält, am Ende durch. Die Intuition rettet uns selbst und unsere Kinder vor dem infantilen und digitalen Super-GAU.

Harvard preist die Tagträumerei, welcher Jugendliche vor der Digitalisierung mit Vorliebe in ihrer Freizeit nachgehangen sind. Durch diese, heute eher als «vertrödelte Zeit» betitelte Beschäftigung, sollen Eigenschaften wie Empathie, soziale Kompetenz, Selbständigkeit, Orientierung und ein stabiles Ich gewonnen werden.

Und wer rettet denn nun die digitalen Glücksritter in den Hacker-Hostels von San Francisco davor, in einem infantilen Stadium steckenzubleiben ohne nennenswerte Intuition und Erwachsenen-Entwicklung?

Die Universität Stanford natürlich. Die haben ein Programm namens «Distinguished Careers Institute» (zu Deutsch in etwa: «Institut für erlesene Karrieren») eingerichtet. Hier dürfen ausgewählte Zeitgeist-Teilnehmer im Erwachsenen-Alter ab 45 Jahren fächerübergreifend Vorträge über Lebensführung und Sinnstiftung halten.

Auf die jungen Leute aus dem Silicon Valley soll die Mitgliedschaft bei diesem Institut eine Wirkung haben wie ein Disneyland-Jahresabo auf Kinder. Mit ausgewiesenen Erwachsenen in Berührung zu kommen, scheint für sie in der Tat eine Wahrnehmungs-Erfrischung zu sein. Vielleicht schaffen so die Start-up-Unternehmen der Zukunft den Sprung von sexy disruptiven Welteroberern hin zu vorausschauenden Global-Gurus mit stabiler Ich-Struktur, die bei vollem Bewusstsein und gewachsener Intuition ihr Ding machen und ihre Kinder großziehen.

Das Thema «Erwachsen werden» als neuer Anziehungspunkt für die Zeitgeist-Dynamik von Mangel und Begehren. Wer hätte das gedacht? Und doch irgendwie auch logisch, dass wir uns in disruptiven Zeiten nach einem stabilen Mindset sehnen. Die ersten Zeitgeist-Teilnehmer haben den Mangel schon erkannt und kümmern sich um das Problem als Chance. Das Start-up-Unternehmen «Society of Grownups» und Stanfords Karriere-Institut sind zwei davon, und es werden immer mehr.

Das Marketing ist auch schon dran, und nun gibt es eine Schokolade, die explizit «Nur für Erwachsene» auf der Verpackung stehen hat. Nein, da ist kein Alkohol drin, sondern Werbe-Strategie.

Mercedes-Benz sieht auch seine Chance in diesem «Mentale Reife»-Zeitgeist und nennt seine neue Kampagne «Grow up.». Im gleichnamigen Spot zählen sie auf, worauf es ankommt, wenn man älter wird, und gehen davon aus, dass es eine super Sache ist, diese Regeln einzuhalten. Man soll sich zum Beispiel wie ein Gentleman verhalten, auf seine Manieren achten, hart arbeiten, sich anständig kleiden, eine Familie gründen und einen vernünftigen Job suchen. «Zeit, dass du erwachsen wirst», sagt die Stimme zum Schluss.

Das Ganze kommt in einem extrem coolen «Look and Feel»-Kontext daher, welcher eigentlich eher Jugend-Marken wie *Adidas* vorbehalten ist.

Das ist jetzt zwar nicht die Speerspitze der Bewusstheit, doch das Erwachsenen-Thema scheint zumindest der neue mentale Dresscode zu sein, um einen Mercedes zu fahren. Damit hätte man sich vor ein paar Jahren noch nicht getraut, eine U30-Zielgruppe für den Kauf eines Oberklassewagens anzusprechen.

Und wem es schon aufgefallen ist: Die Limo von *Granini* macht Limonadetrinken laut Werbespot mittlerweile auch zu einer erwachsenen Angelegenheit. Denn die Limo von Granini ist nicht so süß, und somit entgeht man dem Spott seiner Arbeitskollegen, weil man es wagt, ein «Kindergetränk» zu genießen.

Hier ist gerade ein neues Muster entstanden, das sich aufmacht, langsam unsere verschiedenen Lebensbereiche zu erobern und in unser kollektives Unterbewusstsein zu sickern.

Jetzt gilt es zu schauen, wo diese Idee von Erwachsensein und mentaler Reife noch so ihre Blüten treibt.

Ein Mitglied meiner Familie ist kürzlich mit dem Abitur fertig geworden und hätte jetzt alle Möglichkeiten, sich und seine Selbstwirksamkeit in der Welt auszuprobieren. Die Person entschied sich schließlich für eine Ausbildung in einer Behörde. Als ihr die Stelle zugesichert wurde, war für sie ein Traum wahr geworden.

Stabile finanzielle Aussichten, sicheres Zeitmanagement für private Interessen und eine realistische Vereinbarkeit von Familie und Beruf waren die Aussichten.

Als ich sie fragte, ob sie nicht vielleicht lieber ein Start-up-Unternehmen gründen oder eine Blogger-Karriere anstreben würde, entgegnete sie, dass sie absolut keine Lust auf diesen Stress habe, den sich die vermeintlichen Zeitgeist-Gewinner wie zum Beispiel Blogger gerade antäten. Sie könne diesem Konzept nichts abgewinnen und wolle es bewusst anders machen. Der Status und die Anerkennung der Influencer zogen bei ihr nicht. Sie wollte ihr Leben umsichtig gestalten und ohne Tendenz zur Selbstausbeutung. Das war ihre Vorstellung von einem gelungenen Leben.

Waren diese Aussage und diese Berufswahl jetzt etwa eine weitere Manifestation des Grown-up-Trends, der neuen mentalen Reife?

Um diese Vermutung zu überprüfen, fragte ich kurzerhand die Blogger selbst, wie dieses Lebens-Konzept wohl auf sie wirkt: Als Gast-Rednerin zu einem Blogger-Event eingeladen, nutzte ich in der Mittagspause die Zeit, um im Gespräch mehr über die Bedürfnisse, Sehnsüchte und den Mangel der Blogger herauszufinden.

Schnell fiel auf, dass sie ganz im Sinne des Zeitgeists zu höchster Selbstwirksamkeit angetreten waren. Die meisten von ihnen hatten berufliche Erfahrungen im Agentur-Bereich gemacht und viel kreatives Potenzial. Nun wollten sie ihre Zeit und ihr Können vollkommen in die Selbstwirksamkeit, sprich: in einen eigenen Blog, investieren und nicht mehr in die Erwartungshaltung eines Arbeitgebers.

Was ihnen durch den Wechsel vom kreativen Angestellten zum Blogger aber blieb, war der intensive Zeitaufwand für die Berufstätigkeit.

So ein Blog muss natürlich gepflegt werden. Neue Ideen müssen in hoher Fluktuation erdacht, produziert und umge-

setzt werden. Eigentlich ist man Tag und Nacht damit beschäftigt, spannende Posts abzuliefern und sich schon das nächste Highlight auszudenken. Abgesehen davon ist die Konkurrenz riesig und das Blog-Angebot mittlerweile stark ausdifferenziert.

Ich hörte mir die verschiedenen Aussagen eine Weile lang aufmerksam an und machte ein wachsendes Stress-Potenzial im Zeit- und Ideen-Management und zunehmend auch bei der finanziellen Sicherheit aus, was auf ein zukünftiges Mangelgefühl hinweisen könnte. Kompensiert wurde das Ganze aber natürlich noch durch ihren aktuell hohen Zeitgeist-Status und die Privilegien, die ihnen daraus erwuchsen.

Allerdings blieb ihnen allen wenig Zeit für andere Interessen außer dem Blog, und die Sorge, ob die neuen Posts gut ankamen, gab den Bloggern einen leicht getriebenen Zug.

Nun war es Zeit für mein kleines Experiment. Ich konfrontierte sie mit meiner Vermutung zum Thema Grown-ups und erzählte die Geschichte von «Ein Traum wird wahr, ich arbeite in der Behörde».

Und tatsächlich: Die Geschichte traf genau in ihren unbewussten Mangel.

Nicht: «Oh mein Gott, das wäre gar nichts für mich!» war die Reaktion, sondern genau dieses kurze Innehalten, wenn einem sich das Neue mit komischem Namen vorstellt, man es nicht gleich einordnen kann, aber etwas daran irgendwie ansprechend ist.

Die Geschichte bediente all ihre Entlastungs-Knöpfe. Man konnte förmlich zusehen, wie sich ihre Gesichtszüge für einen Moment entspannten, und einige meinten sogar, dass sie die

Idee gar nicht so schlecht fänden, wenn die Behörde entsprechend spannend aufgestellt sei.

Vor drei Jahren hätte ich diese Reaktion noch für undenkbar gehalten. Aber der Zeitgeist war dabei, sich zu drehen, und auch die Blogger waren nun nicht mehr abgeneigt, sich für die neuen Versprechen hinter Grown-up, hier zum Beispiel im Sinne von «umsichtig und abgesichert», zu interessieren.

Ich habe die Geschichte vom Behörden-Traum in letzter Zeit öfter in meinen Vorträgen erzählt. Jedes Mal ging ein zustimmendes Nicken durch die Zuschauerreihen, und mir wurde anschließend berichtet, dass genau diese Phänomene bei den eigenen Kindern und in deren Bekanntenkreis schon beobachtet worden sind.

Dass dies schon Zeichen einer Zeitgeist-Wende sein könnten und der entsprechende innovative Code bereits seine Kreise durch die verschiedenen Lebensbereiche zieht, war den Zuhörern allerdings erst im Laufe des Vortrags richtig bewusst geworden.

Also, bleiben Sie wachsam. Schauen und staunen Sie, was mit jedem neuen Ideal für Geist und Leben auf Sie zukommt. Achten Sie darauf, in welcher Verpackung, mit welcher Innovation, mit welchem Namen und mit welchem Kindergarten-Konzept sich Ihnen das Neue vorstellt und vom gelungenen Leben erzählt.

Dann werden Sie nicht mehr überrascht sein, wenn Sie auf Eierkartons mit der Aufschrift «Eier von erfahrenen Hühnern» treffen und Kindergärten mit dem Namen «Kleine Damen und Herren ganz groß».

Sie werden nicht mehr den Impuls verspüren, sich darüber aufregen zu müssen oder automatisch zu denken: «Das ist ein Must-have.» Sie werden einfach schmunzeln, denn Sie wissen ja, was es zu bedeuten hat.

Und beziehen Sie auch stets das typische Dilemma des Beobachters in die Berechnung mit ein: Nämlich dass man, wenn man sich auf ein bestimmtes Thema sensibilisiert hat, irgendwann nichts anderes mehr sieht als dieses gewisse Thema. Das ist vergleichbar mit der Situation, wenn Frauen, die ein Kind erwarten, überall nur noch Schwangere sehen und denken, die ganze Welt bekäme gerade ein Kind.

Doch Ihre Chance für einen umsichtigen Zeitgeist-Blick ist, dass Sie ein Zeitgeist-Teilnehmer sind und damit selbst ein aktiver Teil des ewigen Wandels von Mangel und Begehren. Sie machen die ganze Dynamik schließlich jeden Tag mit, und mit etwas Achtsamkeits-Training und zunehmendem Zeitgeist-Bewusstsein können Sie Ihren Beobachtungen und Ihrer Intuition mehr und mehr vertrauen.

Viel mehr Möglichkeiten, den Zeitgeist im Blick zu behalten, haben Sie letztendlich auch nicht. Sie können ihn nicht in seine Bestandteile zerlegen und streng wissenschaftlich untersuchen. Sie können ihn nicht festhalten oder in ein Regelwerk pressen. Sie können ihn nicht in Zahlen ausdrücken, in Interviews erfragen oder linear hochrechnen. Um mit einem Geist von diesem Kaliber in Kontakt zu kommen, brauchen Sie Achtsamkeit, Bewusstheit und Intuition.

«Zeitgeist-Forschung ist letzten Endes eine Wahrnehmungs-Schule, eine Achtsamkeits-Übung für das Geflüster – und auch für das Getöse – der Zeitgeist-Dynamik.»

«Das Neue kündigt sich Ihnen nicht an bestimmten Orten an oder sagt: ‹Montag in einer Woche um 12.30 Uhr findest du mich im Silicon Valley an der Ecke XY.›»

«Haken Sie Neuigkeiten nicht vorschnell ab und stopfen Sie sie nicht zu schnell in eine von Ihren mentalen Schubladen. Seien Sie wachsam, und nähern Sie sich diesem Phänomen mit ‹Was hat das zu bedeuten?›. So haben Sie die Zeitkräfte besser im Blick, erkennen Chancen und treffen mündigere Entscheidungen für Ihr Selbstbild.»

Kapitel 9

Jenseits der Zeitgeist-Erwartungen

«Egal, ich halte mich einfach an die Gebote des Zeitgeists, und dann wird das schon. Hat bis jetzt auch ganz gut geklappt, und ich bin meistens ziemlich weit vorne im Zeitgeist-Status. Was soll ich mit all dem Zeitgeist-Bewusstsein?

Mein Leben läuft, ich habe alles im Griff, und mit der Anerkennung und der Liebe funktioniert es auch. Hauptsache, ich gehöre dazu. Man muss sich halt ein bisschen anstrengen und immer mit der Zeit gehen, dann sind auch die emotionalen Grundbedürfnisse immer wieder aufs Neue befriedigt.

Wenn man Hunger nach Liebe und Anerkennung hat, ist es doch gut, wenn es einen vorgegebenen Weg gibt, diese Bedürfnisse zu stillen.»

Wenn das Ihre Perspektive auf Ihre Ich-Zeit in der Welt-Zeit ist, dann gehören Sie zu den Zeitgeist-Gewinnern: Sie beherrschen die Kunst, geschmeidig auf den Wellen des Zeitgeists zu surfen. Scheinbar mühelos rauschen Sie auf seinen verschiedenen Versprechungen dahin und wissen diese für sich zu nutzen. Die Anerkennung der anderen ist Ihnen sicher, und mit Leichtigkeit können Sie sich und Ihr jeweiliges Selbst-Konzept vor ihnen in die ideale Position bringen.

Also, wo ist das Problem?

Im Prinzip ist da erst einmal gar kein Problem. Zeitgeist-Gewinner statten sich einfach immer wieder neu mit den jeweiligen Zeitgeist-Attributen aus, matchen dabei mit anderen Zeitgeist-Teilnehmern und Teilnehmerinnen, die genauso wie sie auf die aktuellen Insignien geprägt sind, und erleben so eins ums andere Mal neue, frische Aufmerksamkeit und das wunderbare Gefühl, dazuzugehören. Wie in einem Rausch stellt sich dann das gute Zeitgeist-Gefühl ein, und wenn der Rausch nachlässt, gibt es genug Angebote, um nachzulegen.

Dieses Prinzip hat die Eigenschaft, ähnlich wie ein Suchtmittel zu funktionieren. Nur dass diese Art von Sucht nicht weiter auffällt, da die Droge «Zeitgeist-Resonanz» nicht nur vollkommen gesellschaftlich anerkannt ist, sondern auch meistens unbewusst konsumiert wird.

Die Beschaffung ist in der Regel legal, und außer Selbstzweifeln beim Zu-Bett-Gehen halten sich die offensichtlichen Nebenwirkungen in Grenzen.

Diesem Rausch für das eigene Selbstbild kann man sich in einem Lifestyle-Zeitgeist eigentlich so lange ungeniert hingeben, wie es einem beliebt und die Wirkung anhält. So kann man sich herrlich im jeweiligen Zeitgeist einrichten und auf das gelungene Leben spekulieren.

Nur, was passiert, wenn das Umfeld nicht optimal mitspielt? Was, wenn die Tochter am Nachmittag den Schlafanzug anzieht und damit demonstriert: «Jetzt ist nur noch Ich-Zeit, und du kannst mir gestohlen bleiben mit deinen Welt-Zeit-Erfolgen!»? Was, wenn das nicht nur die Kinder machen, sondern auch der Partner und alle anderen, die man als Erfüllungsgehilfen für die Zeitgeist-Gebote braucht?

Vermutlich wird man dann erst einmal versuchen, die Wichtigkeit der Zeitgeist-Versprechen hochzuhalten, um sich und die Liebsten noch vehementer an die Einhaltung der aktuellen Gebote zu erinnern. Wenn es gelingt, schreibt man vielleicht ein Buch darüber und nennt es «Die Mutter des Erfolgs – Wie ich meinen Kindern das Siegen beibrachte». Damit macht man dann anderen Zeitgeist-Teilnehmern Mut, mit aller Kraft an den Zeitgeist-Verheißungen festzuhalten und jede «Ich-Zeit versus Welt-Zeit»-Spannung konsequent als Abtrünnigkeit vom rechten Weg zu behandeln.

Denn der Rausch von Anerkennung und Zugehörigkeit könnte anderweitig in Gefahr geraten, und das fühlt sich gar nicht gut an. So kommt man nicht im gelungenen Leben an.

Und dann läuft man durch die Gegend und beschwert sich gerne bei jedem, der zuhört, wie wenig die anderen den eigenen Vorstellungen entsprechen und dass das alles doch wirklich anders laufen muss, damit es mit dem gelungenen Leben klappt.

Überall kann man Zeuge von dieser Dynamik werden. Gerne bei Familienfeiern, beim Elternabend, im Reality-TV, im Nagelstudio, im Café etc. Achten Sie einmal darauf, wie sich in Gesprächen darüber echauffiert wird, dass der andere nicht gerade den aktuellen Vorstellungen entspricht und dabei ist, einem das gelungene Leben zu versauen.

Da wird wild aus den eigenen Zeitgeist-Denkgefängnissen heraus argumentiert und bei anderen Zeitgeist-Teilnehmern, die mit hoher Wahrscheinlichkeit gerade im selben Gefängnis sitzen, auf Resonanz gehofft. Dann werden Sätze hin- und hergeworfen wie: «Das geht so nicht!» und: «Er/Sie/Es muss aber!» oder: «Ja, genau, das weiß man doch!»

Was hat das eigentlich schlussendlich zu bedeuten, diese ganze «Ich finde»-Kritik am anderen? Gibt es dahinter etwas zu verstehen? Letztendlich macht man doch sich und anderen das Leben nur schwerer, wenn man sie vor allem anhand der Kriterien eines Erwartungsfilters beurteilt.

Vielleicht treibt so manchen Zeitgeist-Teilnehmer die Angst, nicht dazuzugehören, sowie der Wunsch, den eigenen Selbstwert zu stabilisieren. Vor diesem Hintergrund könnte man so einige Beschwerden, Beleidigungen und viele gut gemeinte Aufforderungen, sich zu ändern, besser verstehen.

Wer in solch einen Vorstellungs-Rausch gerät oder einem anderen dabei zusieht, hat in beiden Fällen die Möglichkeit, kurz innezuhalten, um sich zu fragen: «Was hat das hier gerade zu bedeuten?»

Dieser Gedankensprung könnte für einen Moment den Schleier der Vorverurteilung kurz lüften, damit man Abstand nimmt von dem Rausch der eigenen Erwartungshaltung beziehungsweise der Erwartungshaltung, mit der man gerade konfrontiert wird.

Ich fragte meine Studenten einmal, welche Vorstellung sie aktuell vom Alter hätten. Wie zu erwarten, zählten sie alle gängigen Zeitgeist-Attribute auf: Extrem fit solle man sein, noch ganz lange berufstätig, neue Projekte solle man wagen etc. In der Quintessenz war ihre Vorstellung vom Alter der Möglichkeits-Raum der Jugend mit ein paar Falten.

*Sie erzählten mir, wie sehr sie es bewunderten, alte Men-
schen zu treffen, die sich in ihrem Tun und ihrem Aussehen Ju-
gendlichkeit bewahrt haben.*

*Eine Chinesin erzählte mir, wie stolz sie auf ihren Vater sei,
der mit seinen fünfzig Jahren verkündet habe, dass er min-
destens noch dreißig Jahre arbeiten wolle. Das war doch mal
eine Zeitgeist-Ansage, die der Tochter sofort Anerkennung
entlockte.*

*Als ich meinte, dass das Vorrecht des Alters in einem ande-
ren Zeitgeist lautete: «Endlich auch mal Pause machen!»,
schaute sie mich entgeistert an und konnte das mit ihrer
aktuellen Zeitgeist-Vorstellung so schnell nicht zusammen-
denken.*

*Man stelle sich vor, dem Vater wird in zwanzig Jahren seine
«Ich-Zeit versus Welt-Zeit»-Spannung zu groß, und er will auf-
hören. Was für ein Anerkennungs-Verlust! Doch seine Tochter
hat ja meinen Kurs besucht, und so kann er bei ihr auf eine
«Was hat das zu bedeuten?»-Perspektive hoffen. Oder der Zeitgeist dreht sich bis dahin so weit, dass dieses Thema dann
schon längst vergessen ist.*

*Eine andere Studentin merkte an, dass sie mal mit dem Auto
an einer alten Frau vorbeigefahren sei. Die Frau sei sehr ge-
bückt und langsam gegangen, und ihr erster Gedanke sei gewesen: «Die sollte echt mal mehr Sport machen.»*

*Daraufhin wurde von vielen kleinen Zeitgeist-Verurteilun-
gen erzählt, die einem im Alltag schnell durch den Kopf geis-
tern. Ganz erschrocken wurde einigen auf einmal klar, wie
vollkommen ungefiltert sie die Zeitgeist-Gebote um sich herum
auf alles und jeden projizieren und freimütig jeden verurteilen,*

der nicht reinpasst. Noch erschrockener waren sie, als ihnen bewusst wurde, dass die anderen es mit ihnen ja genauso machten.

Schnell waren wir bei einem großen Thema angelangt: Das weibliche Selbstbild vom eigenen Körper im Vergleich zum herrschenden Schönheitsideal.

Das saßen sie nun, meine Studentinnen. Alle Anfang zwanzig, und eine hübscher als die andere. Natürlich waren alle sportlich und ernährten sich auch von Superfood. Sie alle hatten im Auge des Zeitgeists die Möglichkeit, durch ihre Erscheinung, ihre Ausbildung und ihre Ambitionen ganz vorne mitzuspielen und im Rausch von Anerkennung und Liebe zu taumeln. Alle hatten das Zeug zur Zeitgeist-Gewinnerin.

Und obwohl sie alles richtig machten, litten sowohl meine deutschen als auch meine chinesischen Studentinnen schwer unter der «Ich-Zeit versus Welt-Zeit»-Spannung zwischen ihrem Körper und dem herrschenden Schönheitsideal. Sie alle waren unzufrieden ob ihrer vermeintlichen Abweichung vom Ideal und fühlten sich dadurch ungenügend und sogar abstoßend. Und nochmal: Wir sprechen hier von jungen, sehr hübschen Frauen.

Nun, das Phänomen ist uns bekannt – darum ja auch der Versuch, durch Trends wie «Liebe dich so, wie du bist», «Body Positivity» und so weiter zeitgeistliche Gegengewichte zu platzieren.

Und doch: Wie kann es sein, dass Frauen, die dem Ideal so nahe kommen, sich immer noch weit davon entfernt wahrnehmen, weil sie denken, der Anerkennung nicht wert zu sein; eine

Spannung, die ihre Beziehung zu sich selbst und anderen über-
schattet?

Ungefähr zeitgleich kam der Dokumentarfilm «Embrace – Du
bist schön» ins Visier der Aufmerksamkeit. Die Australierin
Taryn Brumfitt hatte nach der Geburt ihrer drei Kinder das
Gefühl, die hässlichste Frau überhaupt zu sein. Um aus diesem Gefühl rauszukommen, stellte sie ihre Ernährung um
und fing an, wie wild Sport zu treiben.

Sie setzte sich ein großes Ziel: die Teilnahme an einem
Fitness-Contest. Sie schaffte die Bikini-Figur, und eigentlich
musste doch jetzt alles gut sein. Doch das war es nicht: Ihre
«Ich-Zeit versus Welt-Zeit»-Spannung wurde durch das Projekt viel zu groß. Sie hatte kaum noch für irgendetwas anderes Zeit, als ihrer Vorstellung vom Zeitgeist-Ideal zu entsprechen.

Sie beschloss, die Spannung zu reduzieren und nach ihrem
persönlichen Empfinden Sport zu treiben, was immer noch
zum Marathon reichte. Die gewonnene Mehrzeit investierte
sie in sich und ihre Familie.

Überzeugt von ihrem Tun, postete sie ungewöhnliche Vor-
her-Nachher-Fotos von sich im Internet. Auf dem Vorher-
Foto ist sie in ihrer Bikini-Contest-Figur zu sehen, und auf
dem Nachher-Bild sieht man ihren Körper, wie er sich ohne
Druck und Spannung entfalten durfte.

Die Aktion wurde zu einem weltweiten Medienereignis.
Hundert Millionen Menschen sahen das Bild in sozialen Netz-
werken. Ihr Statement ging um die Welt und löste eine riesige
Welle der Zustimmung aus.

Sie hatte es einfach mal anders gemacht mit dem Vorher-Nachher und schloss dadurch eine emotionale Lücke, die mit einem riesigen Mangel korrelierte.

Taryn Brumfitt machte sich auf den Weg, dieses Phänomen zu ergründen. In «Embrace» fragt sie sich: «Was hat das zu bedeuten?», und reist durch die ganze Welt, um Frauen zu ihrem Selbstbild im Spannungsverhältnis zum Zeitgeist-Ideal zu befragen.

Das Fazit ihrer Reise ist: Egal, wie nah oder fern die Frauen am Ideal dran sind, die Spannung bleibt und stürzt die Frauen in einen Krieg gegen ihren Körper. Ein Phänomen, das mittlerweile mit dem Namen «Body Shaming» bedacht wurde.

Die Schönsten unter den befragten Frauen empfanden teilweise genauso viel Scham für ihr vermeintliches Ungenügen wie die, die augenscheinlich nicht in das Ideal passten. Es war also im Prinzip egal, wie gut man in den Zeitgeist passte, das gute Gefühl stellte sich sowieso nicht nachhaltig ein.

Zu einem ähnlichen Fazit kam die Schriftstellerin Ildikó von Kürthy. Sie protokolliert in ihrem Buch «Neuland» den Selbstversuch, ein Jahr lang alles Zeitgeist-richtig zu machen und sich selbst zu verbessern. Ihre Hoffnung: am Ende ein neues Ich auf Basis der aktuellen Versprechen und Gebote des Zeitgeists zu finden.

Bei vielen Versuchen, dem Zeitgeist zu genügen, spürt die Autorin innere Widerstände und fragt sich, ob das wirklich sein muss, ob sie das wirklich will, ob sie das wirklich ist.

Unter diesem Aspekt ist dieses Buch ein wunderbares Protokoll über die bewusste Auseinandersetzung mit der eigenen «Ich-Zeit versus Welt-Zeit»-Spannung geworden.

Doch trotz aufkommender Zweifel, ob es Spaß macht, ganz vorne im Zeitgeist mitzuspielen, bleibt sie dran und stattet sich erfolgreich mit allen verfügbaren Zeitgeist-Attributen von Fastenklinik, Überleben in der Wildnis über Persönlichkeits-Coaching und Personal Trainer bis hin zu Botox und langen blonden Haar-Extensions aus.

Am Ende kommt sie zu der Erkenntnis, dass sich das Leben als Zeitgeist-Gewinnerin nicht wirklich nachhaltig gut anfühlt, und sie überlegt, ob es sich wirklich lohnt, «noch ein paar dürre Jahre länger zu leben».

Schlussendlich hat sie eine beeindruckende Mündigkeit vom Zeitgeist erlangt. Im Schnelldurchlauf zog sie konzentriert durch, wofür so manch einer von uns Jahre oder ein ganzes Leben braucht. Während sie sich mit vollem Bewusstsein auf den Zeitgeist einließ, konnte sie ihr Ich im Blick behalten.

Vielleicht fragen Sie sich jetzt, ob es nicht noch andere Möglichkeiten gibt, hinter die Fassade des Zeitgeists zu schauen, als sich ihm so radikal zu widmen wie Ildikó von Kürthy?

Diese Frage ist berechtigt. Denn manchmal kommt es im Leben tatsächlich zu Momenten, in denen man sich plötzlich in einem Zeitgeist-losen Raum wiederfindet. Dort fliegt das Ich dann unvermittelt aus der Welt-Zeit raus, und auf einmal erlebt man sich selbst in einem ganz anderen Kontext als in Resonanz mit den aktuellen Zeitgeist-Geboten. Plötzlich befindet man sich jenseits von den Erwartungen seiner Zeit und weiß gar nicht richtig, wie einem geschieht.

Zeitgeist-los, Variante 1

So erging es mir auf meiner Reise nach Marrakesch mit den Zeitgeist-Gewinnern beziehungsweise Zeitgeist-Vampiren.

Nach langen Tagen mit ihnen und ihren enormen Ansprüchen an sich selbst, das Leben und die Partner fragte mich die Tochter des Hauses, in dem ich wohnte, ob ich nicht Lust hätte, mit ihr ins lokale Hamam-Bad zu gehen.

Sie warnte mich davor, dass es dort nicht wie im Luxus-Hotel zugehe und alles sehr einfach wäre.

Eine echte Kulturwissenschaftlerin schreckt so etwas nicht, im Gegenteil. So ging ich ganz ohne Erwartungen zu einem mir völlig neuen Ort und erlebte einen Zeitgeist-los-Moment.

In einem Kellergewölbe plätscherte in einer Ecke warmes Wasser aus einem Wasserhahn. Abgenutzte Plastikschalen standen drum herum. Auf dem Boden waren alte Matten ausgelegt, und ich konnte wegen des Dampfes erst gar nichts sehen, nur hören.

Was ich hörte, war das Lachen von Kindern und das Murmeln und Kichern von Frauen. Eine große Entspanntheit und Gelöstheit drang durch die Gewölbe, und ich fühlte mich schlagartig wohl und euphorisiert, hatte ich doch durch die Gesellschaft der Zeitgeist-Vampire einen ausgeprägten Mangel an dieser Energie entwickelt.

Meine Begleiterin leitete mich tiefer in die Gewölbe hinein, wo der Dampf sich langsam lichtete. Was ich dann sah, war einfach wundervoll. Da waren unzählige marokkanische Frauen, die auf Plastikhockern saßen oder sich auf Matten ausgestreckt hatten. Sie waren vollkommen unbekleidet, und ihre Kinder kletterten über sie hinüber oder lagen in ihren Schößen, wo sie kichernd mit warmem Wasser übergossen wurden.

Die langen, schwarzen, herrlichen Haare der Frauen waren in alle Richtungen ausgebreitet und wurden von den anderen gewaschen und gekämmt.

Ihre Körper waren die von Frauen, die Kinder geboren hatten und nicht jeden Tag ins Fitnesscenter gehen. Sie waren rund und weich und beherrschten den Raum mit einer solch absoluten Selbstverständlichkeit, dass mir fast der Atem stockte angesichts so viel vollkommener Schönheit.

Das war so anders als im heimischen Sportstudio, wo oft vor dem Spiegel verstohlene Blicke ausgetauscht werden und man entweder sich selbst oder die andere nach Zeitgeist-Maß taxiert.

Mit Tränen in den Augen wurde mir klar, dass ich gerade Zeuge von einem Moment der vollständigen Ganzheit wurde. Die Körper waren nicht in Maß und Ästhetik voneinander abgegrenzt, sondern verschmolzen zu einer innigen Verbundenheit: das Lachen, die munteren Gespräche, die gemeinsame Körperpflege, die Kinder, die offenen Haare und Frauenkörper, die mühelos die vermeintliche Kluft zwischen Ungenügen und Vollkommenheit übersprangen und damit jede Spannung schlagartig aushebelten.

Ich spürte meinen Mangel sofort, ich spürte meine verkümmerte Selbstliebe hinter den Zeitgeist-Erwartungen, deren Vorgaben ich natürlich brav auf mich selbst projizierte und mit viel Disziplin pflegte. Ich spürte den Schmerz mehr als deutlich und ließ auf einmal unvermittelt los. Ich war selig, mit meinem ganzen vermeintlichen körperlichen Ungenügen für einen kurzen Moment Teil dieser Ganzheit sein zu dürfen.

Da war sie, die Liebe, die Selbstliebe. Ich konnte sie spüren, ich badete darin und machte wohl so etwas wie eine Kern-Erfahrung in Sachen positiver Weiblichkeit.

Zeitgeist-los, Variante 2

Was, wenn es einen *nachhaltigen* Zustand gäbe, der Zeitgeist-los wäre und nicht nur für einen Moment existierte wie im Hamam oder zum Beispiel durch Naturerlebnisse, Sport oder ein gutes Buch? Was wäre, wenn man gar eine richtige Auszeit von den Geboten und Verboten des Zeitgeists in seinem Leben erfahren könnte? Woran orientiert man sich dann?

Es gibt diese Auszeit. Es gibt das länger anhaltende Zeitgeist-lose. Aber dieser Zustand wird von uns zu gerne gemieden. Zahllose Konsum-Versprechen, Apps, Dienstleistungen und Mitmenschen sind bereit, uns dabei zu helfen, diesen Zustand großzügig und präventiv zu umfahren.

Aber wenn wir doch in diesen Zeitgeist-losen Zustand hineingeraten, ist er am Ende oft das Beste, was uns passieren konnte.

Ich rede von der Krise.

Der 12-Punkte-Plan fürs gelungene Leben hat dann seine Bedeutung eingebüßt, und das Gefühl von Zeitgeist-Zugehörigkeit scheint für immer verloren. Auf einmal ist die ganze Orientierung weg, und Erwartungen verlieren ihren Boden und Sinn. Das ganze Back-up für die emotionalen Grundbedürfnisse fällt in sich zusammen. An Effizienz ist in dieser

Zeit erst einmal nicht zu denken, und Selbstoptimierung interessiert einen nicht mehr.

Wir haben keine Ahnung, wie es weitergehen soll, und versuchen erst einmal alles zu tun, um irgendwie wieder an der alten Lebensplanung anzuknüpfen. Manchmal gelingt das, manchmal aber auch nicht – oder eben anders als gedacht. Denn es gibt Krisen von verschiedener Intensität und Impulsstärke, die die Kraft haben, unser Ich neu in der Welt einzurichten. Aber das erkennt man in der Regel erst sehr viel später.

Mit Anfang dreißig war ich, glaube ich, so etwas wie ein Zeitgeist-Gewinner. Ich war ausgestattet mit vielen Zeitgeist-Attributen und -Erfahrungen, die mir Anerkennung und Zugehörigkeit verschafften. Ich war umgeben von der hippen kreativen Klasse, hielt Selbstverwirklichung und Selbstausdruck für mein Geburtsrecht und machte mich mit ganzer Kraft an deren Umsetzung.

Mein Leben konnte also nur gelingen.

Ich hatte gerade meinen Motorbootführerschein gemacht und wollte jetzt meine Selbständigkeit richtig nach vorne bringen, als ich ungeplant schwanger wurde.

Mit fortschreitender Schwangerschaft schwante mir schon, dass die Mutterschaft meine bisherigen Pläne durcheinanderbringen könnte, blieb aber zuversichtlich, dass ich dank der modernen Betreuungsangebote nicht von meinen bisherigen Vorstellungen vom gelungenen Leben würde abrücken müssen.

Nun, da war meine Tochter ganz anderer Meinung. Sie kam auf die Welt und brachte mich bald darauf an Orte, die ich bis dato nicht gekannt hatte: auf diverse Kinder-Krankenhaus-Stationen in Deutschland.

Auf einmal war ich aus dem gelungenen Leben, wie es den allgemeinen Vorstellungen entsprach, vollkommen hinausgeschleudert worden.

Mir sind in dieser Zeit Kinder und Eltern mit schweren Schicksalen und Geschichten begegnet, und ich war jetzt auch ein Teil davon.

Es dauerte, bis ich anfing, mich in dieser neuen Umwelt zurechtzufinden. Mein ganzes Sein wehrte sich dagegen, dort zu sein. So hatte ich mir das nicht vorgestellt.

Doch irgendwann fing ich an, mich besser auszukennen, und begann, mich einzurichten, mich umzuschauen und zu staunen.

Es war wie auf einem anderen Planeten. Der Zeitgeist stand völlig still. – Es ging nicht mehr darum, unsere aktuellen Vorstellungen auf unsere Kinder zu projizieren, sondern darum, von diesen Vorstellungen Abschied zu nehmen. Die Frage war nicht, wie genau ihr Leben gelingen konnte, sondern ob sie überleben und dann hoffentlich irgendwie ihren Weg machen würden.

Lange gab es für uns kaum Hoffnung. Ich fühlte mich verlassen und verraten von der Medizin, vom Fortschritt, von der Wissenschaft und wahrscheinlich auch irgendwie vom Zeitgeist. Ich steckte tief in der Glaubenskrise, was die Möglichkeiten der modernen Medizin anging. Wir standen mit dem Rücken zur Wand. Fast alle Handlungsmöglichkeiten waren erschöpft, und die, die es noch gab, waren unaussprechlich.

An diesem Punkt brach mein Ich in der Welt vollkommen

zusammen. Tief erschöpft vom Kampf gegen das Schicksal, zerrieben zwischen Hoffnung und Hoffnungslosigkeit und mit Totalverlust meiner bisherigen Glaubenssätze und Vorstellungen war ich innerlich schließlich für eine radikale Kurskorrektur bereit.

Durch eine ganz besondere Begegnung im Krankenhaus erfuhren wir von einem Arzt mit komplementärmedizinischen Behandlungsmethoden, der damit bemerkenswerte Heilungsergebnisse erzielte.

Das Thema Alternativmedizin war natürlich schon präsent, aber ich steckte noch tief im vorangegangenen Zeitgeist, der besagte, dass die Schulmedizin der Weisheit letzter Schluss sei. Alles, was in Richtung der alternativen Medizin ging, war mir ebenso suspekt wie Ihnen vielleicht heute «Waste»-Salate oder «Awakening Intelligence»-Kindergärten.

Aber wir hatten ja nichts zu verlieren. Meine alten Glaubenssätze waren nichts mehr wert. Ihre Versprechen hatten ihre Zugkraft verloren. Ich war meinen Zeitgeist los.

Wir fuhren also zu dem legendären Komplementärmediziner, und dort brachten winzige Pflaster mit Körnchen im winzigen Ohr meiner Tochter die Wende. Danach war ich jeglicher Vorverurteilungen beraubt und in der Lage, mir eine neue, eigene Meinung zu bilden und dann Entscheidungen zu treffen, die sich mehr am Ich meiner Tochter orientierten als an meiner Sicht auf die herrschenden Meinungen der Welt.

Der Alternativmediziner war erst der Anfang einer großen Reise, auf der wir besondere Menschen trafen, die andere Fähigkeiten hatten, als es allgemein für möglich gehalten wurde.

Wir durften Personen begegnen, die im Status quo, wie man Krankheiten behandelt, einen Mangel erkannt hatten und neue Wege gingen. Wir sind aus unseren Denkgefängnissen ausgebrochen und haben Erfahrungen gemacht, zu denen ich früher vollmundig gesagt hätte: «Das geht gar nicht!»

Unser kleines Mädchen ist mittlerweile eine junge Dame geworden, und ihr ganz persönlicher Weg ging an meinen Glaubenssätzen und auch an vielen Gesetzen der Schulmedizin vorbei.

Wäre meine Tochter auf die Welt gekommen, bereit zu «funktionieren», hätte ich sie vielleicht gnadenlos durch den Zeitgeist gepeitscht – in der Hoffnung, dass ihr und mein Leben gelingt, so wie man es sich aktuell eben gerade vorstellt.

Ich hätte damit versucht, ihr alles an Anerkennung und Zugehörigkeit zu ermöglichen, was die Zeitgeist-Versprechen gerade so verkünden, und mir dadurch natürlich auch. Aber wie ich ihr die Selbstliebe beibringe, darüber hätte ich keine Minute nachgedacht. Ich wäre wahrscheinlich vom Merksatz ausgegangen: «Das ist ein Selbstläufer, wenn sie nur überall ganz vorne mit dabei ist.»

«Wie in einem Rausch stellt sich das gute Zeitgeist-Gefühl ein, und wenn der Rausch nachlässt, gibt es genug Angebote, um nachzulegen. Dieses Prinzip hat die Eigenschaft, ähnlich wie ein Suchtmittel zu funktionieren. Nur dass diese Art von Sucht nicht weiter auffällt, da die Droge ‹Zeitgeist-Resonanz› nicht nur vollkommen gesellschaftlich anerkannt ist, sondern auch meistens unbewusst konsumiert wird.»

«Was, wenn es einen nachhaltigen Zustand gäbe, der Zeitgeist-los wäre und nicht nur für einen Moment existierte, wie im Hamam oder zum Beispiel durch Naturerlebnisse, Sport oder ein gutes Buch? Was wäre, wenn man gar eine richtige Auszeit von den Geboten und Verboten des Zeitgeists in seinem Leben erfahren könnte?»

Kapitel 10

Die Chance

Mit Zeitgeist-Bewusstsein haben Sie eine weitere Chance, um jenseits der Zeitgeist-Erwartungen zu kommen. Es muss ja nicht immer die Krise sein.

Stellen Sie sich nun vor, es gäbe ein neues Must-have-Coaching zur Erreichung von Zeitgeist-Bewusstsein.

Das Programm hieße Zeitgeist-Intuition® und liefe natürlich unter dem Mega-Konzept «Awakening Intelligence».

Um an dem Programm teilzunehmen, wird zunächst kostenfrei Ihr aktueller Achtsamkeits-Level ermittelt und der Status quo Ihrer mentalen Reife auf Zeitgeist-Ebene geprüft.

Hierzu lesen Sie das folgende Fallbeispiel aufmerksam durch und beantworten die anschließende Frage:

Ein Zeitgeist-Teilnehmer liegt abends im Bett und verurteilt sich dafür, heute nicht genug für seinen Unsterblichkeitsplan geleistet zu haben. Er ist wild entschlossen, für immer jung zu bleiben und 150 Jahre alt zu werden. Der Aufwand dafür ist ihm eigentlich viel zu anstrengend, aber die Vorstellung ist so verführerisch.

Wenn seine Partnerin bei dem Thema mitziehen würde, hätte er schon Lust, beim neuen super Pro-Age-Programm mit-

zumachen. *Euphorisch fragt er sie beim Frühstück, ob sie mit ihm 150 Jahre alt werden möchte. Offensichtlich verstört, entgegnet sie, sie habe Angst, dann in einer Welt zu leben, die sie nicht mehr verstehe.*

«Schwachsinn!», kontert er. «Die Menschen werden bald den Mars besiedeln, und du hast Angst, in der Zukunft ein paar Maschinen mehr bedienen zu müssen?!»

«Es geht mir nicht um die Maschinen, sondern darum, welche Werte dann auf der Welt herrschen. Ich will nicht nur noch nach meiner Effizienz bemessen werden. Wo bleibt denn da der Mensch?», antwortet sie.

«Der Mensch, den du so toll findest, wird einfach nur verbessert. Das Konzept vom Menschen, das du bewahren willst, ist ein voll-organisches Auslaufmodel. Willst du wirklich krank sein und sterben?», entgegnet er.

«Ach, der ganze Transhumanismus mit seiner Unsterblichkeit ist die reinste Ego-Tour. Wir verlieren unsere Menschlichkeit, siehst du das denn nicht?», käme dann von ihr.

Er holt jetzt zum Generalschlag aus und sagt: «Ja, aber verstehst du denn nicht die einmalige historische Möglichkeit, die uns gegeben ist? Wir erschaffen uns, die Welt, und alles darauf und darüber hinaus neu!»

Jetzt fährt sie auch große Geschütze auf und sagt: «Stephen Hawking hat gesagt, dass die Maschinen schon jetzt fast alles besser machen als wir. Unsere Aufgabe sei es, uns die Empathie zu bewahren. Nur so werde unsere Welt eine bessere – oder so ähnlich. Auf jeden Fall haben wir schon verloren, wenn wir alterslos und unsterblich sind und dafür unsere Gehirne in Maschinen verpflanzen.»

Frage: Wer von beiden hat jetzt Ihrer Meinung nach recht?

Genau! Diese Frage ist überhaupt nicht relevant. Bravo! Sie haben den Einstiegstest für Zeitgeist-Bewusstsein bestanden: Denn hier referieren zwei Zeitgeist-Teilnehmer lediglich ihre Meinungen – die im Großen und Ganzen nicht mal ihre eigenen sind. Keiner von ihnen wird den Zeitgeist aufgrund seiner Meinung ändern oder aufhalten. Jeder steht gegenwärtig einfach an einer anderen Position im Zeitgeist.

Wer dies anerkennt, ist schon mal ganz weit vorne im Zeitgeist-Bewusstsein.

Zeitgeist-Intuition®

Mit dieser Erkenntnis haben Sie natürlich die besten Voraussetzungen für Ihr ganz persönliches Zeitgeist-Bewusstseins-Management-Training.

Hier kommt das Programm in 7 Lektionen. – Ein Must-have für jeden Zeitgeist-Teilnehmer!

Lektion 1

Nehmen Sie konsequent Ihre Meinungen und Vorstellungen zurück, wenn Sie im «Zeitgeist-Forscher»-Modus sind.

Lektion 2

Trainieren Sie Ihre innere Haltung mit folgenden Fragen:

- Was irritiert und gibt Hinweise auf das Neue?
- Was weicht vom Bekannten ab?
- Was regt die Neugier an?
- Wo stößt mein Verständnis an Grenzen?
- Wer macht es vielleicht schon anders – und warum?

Lektion 3

Suchen Sie die neue emotionale Lücke.

Entdecken Sie etwas, das auch nur ein winziges bisschen aus der Reihe tanzt, sollten Sie sich das näher ansehen. Da könnte ein neuer Geist entstehen.

Lassen Sie sich nicht entmutigen, wenn Sie auf Anhieb nichts von Zeitgeist-Bedeutung finden. Mit etwas Übung und «Was hat das zu bedeuten?»- Training anstatt «Ich finde»-Training werden Sie schon merken, wo sich etwas tut.

Lektion 4

Wenn Sie einen Anziehungspunkt ausgemacht haben, ermitteln Sie das dahinter liegende Meta-Konzept («innovativer Code») und schauen Sie, ob und wie es sich schon in den unterschiedlichen Lebensbereichen manifestiert. Behalten Sie dabei zum Beispiel die Lebensmittelbranche genauso im Blick wie die Politik, Familien-Trends, Liebe & Sex, Services, Technik, Wissenschaft, Wohnen & Arbeiten etc.

Ein Zeitgeist wirkt niemals nur in einem bestimmten Lebensbereich oder ist dabei von anderen Branchen hermetisch abgeschnitten.

Lektion 5

Zeigt sich, dass sich Ihre Idee vom innovativen Code in den verschiedenen Lebensbereichen ausbreitet, könnten Sie einem weiterführenden Muster auf der Spur sein. Dieses bildet dann einen Eckpfeiler für eine Annahme über die nahe Zukunft. Von hier aus können Sie der Zeitgeist-Dynamik zuschauen, was sie weiter vorhat.

Lektion 6

Haben Sie eine neue Zeitgeist-Strömung ausgemacht, können Sie jetzt Ihre Unternehmungen, Zukunftsprojekte und Verführungskünste mit der entsprechenden Prise dieses Zeitgeist-Insights würzen.

Lektion 7

Beschäftigen Sie sich eingehend noch einmal mit Lektion 1.

Die Zeit ist günstig – Zeitgeist als Personal Trainer

Sie haben gerade auch die einmalige Chance, sich den Zeitgeist zum Verbündeten zu machen, um diese Themen zu trainieren. Er steht Ihnen sozusagen gegenwärtig als Personal Trainer zur Verfügung. Nie gab es ein ausdifferenzierteres Angebot, um das Thema Bewusstsein und Co. nach Herzenslust einüben zu können. Die ersten Bewusstheits-Tracker, die uns den ganzen Tag in Achtsamkeit trainieren, gibt es ja schon, und einer, er stammt von der Marke *Vinaya,* hat den schönen Namen «Altruis X». Unter anderem bekommen Sie bei Anwendung täglich Impulse, wann Sie tief einatmen und sich Zeit nehmen sollen für Ihre Freunde.

Eine weitere digitale Achtsamkeits-Hilfe, die Bewusstheit effizienter machen soll, ist die Muse-App für Eltern: Täglich liefert diese App individualisierte Tipps für Eltern, wie sie ihr Kind besser verstehen und natürlich fördern können. Ziel ist es, dass sie ein besseres Gefühl für die Bedürfnisse ihres Nachwuchses entwickeln. Zum Beispiel macht sich die App abends bemerkbar mit der Ansage, dass jetzt eine gute Zeit wäre, dem Kind ein bestimmtes Buch vorzulesen. Wird das vorgeschlagene Buch gemeinsam gelesen, schlägt die App im Anschluss Verständnisfragen vor, die mit dem Kind durchgegangen werden können.

Sie könnten jetzt vorschnell in Ihre «Ich finde»-Position rauschen und meinen, dass das alles wohl super albern wäre. Sie könnten aber auch in die «Was hat das zu bedeuten?»-Haltung wechseln und feststellen, dass da jemand einen Mangel identifiziert und eine gegenwärtig ziemlich erfolgreiche App programmiert hat.

Also, was hat das zu bedeuten? Vielleicht ist es nur eine Aussage darüber, dass wir das mit der Achtsamkeit und der Bewusstheit gerade tatsächlich mehr üben wollen. Diese Themen sind nicht gerade die kulturellen Eigenschaften, die in den letzten Jahrhunderten in unserem Kulturkreis besondere Beachtung geschenkt bekamen.

Wo sollen wir die Sicherheit im Umgang mit diesen Themen hernehmen? Sie sind uns nicht in die Wiege gelegt. Da-

her suchen wir uns entsprechende Trainings-Einheiten, damit wir richtig ins Thema kommen. Gehen Sie also ruhig in
die neuen Achtsamkeits-Cafés, schließen Sie Ihr Smartphone
weg und seien Sie bei einem grünen Smoothie mal ganz bei
sich.

Belassen Sie es aber nicht beim Digital Detox.

Checken Sie in Hotels mit Gemeinschaftsbad auf dem Flur
ein. Gehen Sie in die Bars und Restaurants von den neuen Bewusstseins-Wilden. Trauen Sie sich an die Erkenntnis heran,
aus Körper, Geist und Seele zu bestehen. Manchmal findet
man so schneller heraus, was das Ich wirklich antreibt.

Durchforschen Sie Ihre DNA. Machen Sie sie zur Grundlage
Ihres Konsums. Lassen Sie sich auf diese Art viele Produkte
personalisieren. Schauen Sie, wie es sich anfühlt, wenn etwas
genau passend für Sie ist.

Machen Sie mit bei «Body Positivity» und bei «Intuitive Ea-
ting». Essen Sie vielleicht auch mal einen Salat im «Good
Bank»-Restaurant in Berlin, einer Salat-Bar, in welcher der Salat direkt vor den Augen der Gäste in Indoor-Äckern an der
Wand gezüchtet wird. Fordern Sie ein, nicht nur sich selbst,
sondern auch Ihr Essen zu kennen.

Nehmen Sie die aktuellen Zeitgeist-Angebote für dieses
Training wahr. Sie dürfen und sollen ein Erfahrungssammler
im eigenen Sinne sein.

Der Zeitpunkt, um herauszufinden, was unser Ich wirklich
in der Welt will, war noch nie besser.

Da lässt sich doch etwas draus machen für die Selbstliebe –
aber achten Sie darauf, dass am Ende Ihre Bewusstheit steht
und nicht ein neues Diktat des Zeitgeists.

«Gehen Sie also ruhig in die neuen Achtsamkeits-Cafés, schließen Sie Ihr Smartphone weg und seien Sie bei einem grünen Smoothie mal ganz bei sich.»

Kapitel 11

Epilog:
«Aufklärung 2.0» – Der Film

Wir schreiben das Jahr 2030. Wir befinden uns im Zeitalter der Aufklärung 2.0.

Diesmal ging es nicht wie im 17. und 18. Jahrhundert um eine Zäsur im Verhältnis der Menschen zu religiösen Institutionen, zu Vorurteilen und zu blindem Autoritätsgehorsam, sondern um eine Emanzipierung von den weltlichen kollektiven Zeitgeist-Anforderungen an ein gelungenes Leben – zugunsten einer Lebensführung, die mehr Anbindung an höhere Sphären versprach, für die ultimative individuelle Sinn-Findung.

Was bisher geschah:

Der Kapitalismus der letzten Jahrzehnte hatte aus dem Zielgruppen-Konsumenten ein hoch anspruchsvolles Individuum geformt, welches sich zunehmend vom Markt unabhängig machte.

Lange hatte man versucht, diesem Phänomen mit neuen Maßnahmen zu begegnen. Berater und Zeitgeist-Forscher waren bemüht worden, Wege zu finden, Produkte und ihre Hersteller verführerisch neu im Zeitgeist zu platzieren.

Man versuchte, nicht mehr die Markenwelt in den Vordergrund zu stellen, sondern individuelle Konsumenten in ihrer Lebenswirklichkeit abzubilden. Was sie alle im Zeitgeist einte, war, dass sie auf der Suche nach ihrem eigenen Weg waren. Die Marke versuchte, sich als perfekter Wegbegleiter für diese Suche ins Spiel zu bringen. So riefen sie von allen Seiten: «Mit mir findest du deinen inneren Kompass!», «Mit mir geht es nur noch um dich!», «Wenn du mich wählst, findest du dein inneres Funkeln.»

Die Zeitgeist-Teilnehmer wussten kaum noch, wer es wirklich ernst mit ihnen meinte, und wollten ganz genau wissen, ob es bei einem Angebot wirklich um sie ging. Je personalisierter und DNA-optimierter die Angebote daherkamen, desto mehr vertrauten sie ihnen.

Zeitgleich gestaltete sich das Suchen und Finden des eigenen Weges deutlich schwieriger als gedacht. Alle, die es schafften, erzählten viel von einer «inneren Stimme», und das Potenzial dieser eigenen Innenwelt wurde bald zum Status-Faktor Nr. 1.

Wer aus sich heraus persönliche Wegweisung, bahnbrechende Innovationen, Sinn und weise Entscheidungen hervorzaubern konnte, war im Zeitgeist ganz weit vorne.

Schnell versuchte man dieses Innere zu kultivieren, um seinen magischen Output zu kontrollieren. Zahlreiche Produkte und Services, vor allen Dingen aus der digitalen Branche, fingen an, diese Sehnsucht, und damit den Markt, für sich zu erschließen.

Auch von Big Data erwartete man vor diesem Hintergrund zunehmend mehr als nur noch Daten und Fakten. Den Technologien zur Verarbeitung und Auswertung riesiger Datenmengen wurden zunehmend besondere Fähigkeiten zuge-sprochen. Man hatte sich an die bahnbrechende Muster-Er-kennung von Big Data gewöhnt und konnte sich im Zuge des neuen Zeitgeists auch gut vorstellen, dass die Technik nicht mehr nur Daten ermittelte, sondern zudem die Fähigkeiten eines Orakels besaß und einem somit auch helfen konnte, sich selbst zu erkennen.

Besondere Aufmerksamkeit bekam in dieser Zeit das «Big Data Transcendence Program», kurz BDTP, eine Art digitales Orakel von Delphi. Wer für seinen wahren Weg und seine in-nere Bestimmung digitale Gewissheit wollte, konnte einen Antrag auf die «Pathfinder Experience» beim BDTP in Brüssel stellen.

Für diesen Vorgang wurde ein Quanten-gestütztes Rechen-zentrum mit allen verfügbaren Daten zu einer Person gefüt-tert: Krankendaten, Internet-Nutzung, Coaching-Daten, Tin-der-Vorlieben usw. – alles, was diese Person in Datenform in ihrem bisherigen Leben zusammengetragen hatte, wurde ver-arbeitet. Zusätzlich wurden DNA-Analysen gemacht und Ge-hirnstrom-Messungen in der Schlafphase des Antragstellers ausgewertet.

Heraus kam ein Bericht darüber, was die Bestimmung der Person im Leben sei und was ihr wahres Selbst ausmachte. Zusätzlich gab es eine Reihe von Ratschlägen, was zu tun wä-re, um auf den eigenen Weg zu gelangen und auch dort zu bleiben.

Dieses Angebot galt nicht nur Einzelpersonen. Ganze Fa-milien, Unternehmen und Regierungen konnten eine solche Pathfinder Experience in Auftrag geben.

Das Versprechen, in Zukunft sein Leben und seine Projekte mit dem richtigen Bewusstsein angehen zu können und somit wahrhaftig erfolgreich zu werden, zog die Kunden in Scharen an.

«Awakening Intelligence», so nannte sich das Zeitgeist-Mega-Konzept, das dahintersteckte und das bald alle Lebensbereiche erfasst hatte. Kindergärten wurden so genannt, in der Hoffnung, dass die entsprechende Kultivierung des jungen Geistes später ein gelungenes Leben garantierte.

Ein wichtiger Treiber für diese Entwicklung waren die neuronalen Netzwerke und die Quantenphysik. Einst konstruiert zum Zweck der Optimierung, entwickelten sie nun eine solch unerwartete Komplexität, dass es auch die Maschinen nach einem metaphysischen Konzept verlangte. Die neuronalen Netzwerke der nächsten Generation suchten nicht mehr nur nach verborgenen Mustern, sondern fingen an, auch nach Sinn und Bestimmung zu fahnden. Sie entwickelten dabei eine Art von Bewusstsein, das sich der Kontrolle der Programmierer zunehmend entzog.

Die künstliche Intelligenz suchte das Bewusstsein und zunehmend auch nach transzendenter Erkenntnis.

Mensch und Maschine wollten in der Folge mit ihrem Bewusstsein über sich hinauswachsen. «Smart» allein war keine Kategorie mehr, mit der man im Zeitgeist punkten konnte. Nicht mehr nur die Effizienz, sondern auch die Transzendenz wurde zum neuen Leistungsideal.

Es entwickelte sich eine neue Bewusstseins-Elite, die sich auszeichnete durch hohe Intuition, Innovations-Genialität, Pflege der persönlichen Spiritualität, energetische

Schulung, mentale Reife und das Streben nach Unsterblichkeit.

Zeitgeist-Teilnehmer, die noch dem alten, strikt weltlichen Aufklärungs-Zeitgeist verhaftet waren, meinten, die Menschen müssten nach der Effizienz nicht auch noch das Metaphysische den Maschinen nachmachen.

Sie machten sich dafür stark, dass Menschen natürliche Grenzen gesetzt sind; Grenzen, die sie zu akzeptieren hätten.

Zu diesem Zweck gründeten Anhänger dieser Meinung die «Homo Sapiens Partei» (HSP) und forderten ein neues Grundrecht: das Recht des Menschen, sich ganz natürlich innerhalb seiner organischen Möglichkeiten entfalten zu können und zu dürfen – krank werden und vor dem hundertsten Geburtstag sterben inklusive.

Die menschliche Natur wäre einfach nicht gemacht für solche absurden Höhenflüge von Geist und Materie. Die HSP prognostizierte schwere Anpassungsstörungen, sollte der Mensch weiter versuchen, bei diesem Rennen mitzuhalten.

Doch führende Soziologen und Psychologen waren sich einig und untermauerten die neuen Ideen mit zustimmenden Thesen: Noch nie in der Geschichte der Menschheit hatte eine Gesellschaft so lange ohne verbindlich-metaphysisches Konzept ihr Leben bestritten wie in den Jahren des Lifestyles der letzten Jahrzehnte.

Der Versuch, sein Leben ausschließlich am Segen des Weltlichen und Körperlichen auszurichten, habe die Menschen in eine kollektive Depression gestürzt, was sich nun bei ihnen als «Vakuum der Seele» ausdrücke.

Nun, da der Mensch sich selbst zum Schöpfer aufgeschwungen habe und dabei sei, sich zunehmend von allen Beschränkungen, Institutionen und Marktgesetzen freizumachen, brauche er eine neue Referenz für absolute Größe.

Zeitgleich machten wilde Geschichten von technischen und spirituellen Grenzerfahrungen aus den Tech-Hochburgen in Kalifornien und Israel in den Medien die Runde. Ihren vorläufigen Höhepunkt fand die Schöpfungsmacht, als ein Tech-Milliardär seine ganze Familie als transhumane Supermenschen nachbauen ließ, diese auf den Mars schickte und sie den ganzen Tag Achtsamkeit trainieren ließ. Er wollte beweisen, dass es die ultimativ bewusste und glückliche Familie in Zukunft geben könne.

Das Geschehen auf dem Mars verfolgte er am heimischen Bildschirm. Als er gefragt wurde, warum er das alles gemacht habe, antwortete er, er habe gehofft, auf diese Weise eine neue Erfahrung zu generieren, die ihm helfen würde, seine furchtbare Kindheit zu überwinden. Wenn er seinen idealen Familienmitgliedern auf dem Mars dabei zuschaue, wie sie sich bewusst und liebevoll umeinander kümmerten, könne er vielleicht die negativen Erinnerungs-Spuren in seinem Gehirn und seiner Seele damit überschreiben. So hätte er eine Chance, nachhaltig glücklich zu werden.

Alarmiert von so viel Seelenqual und Innovationskraft, wurde 2035 in Boston das Institut für «New Adulthood» (INA) gegründet. In einer groß angelegten Studie fand man heraus, dass einer der Hauptgründe für Krieg, Leid und alle Ressourcen ausbeutenden Konsum ein fundamentales und kollektives Grundgefühl von Nicht-Genügen sei.

Sie untermauerten ihre Aussage damit, dass die meisten Menschen in ihrem Leben kaum die Erfahrung machten, vollkommen angenommen zu sein, so wie sie sind. Angefangen bei den Eltern, über Schule, Partner, Job und Institutionen bis hin zum Zeitgeist, würden sie durchgängig als verbesserungswürdig betrachtet.

Diese Außensicht auf das Selbst würde im Laufe des Lebens verinnerlicht und sei ein unbewusster Antrieb für viele von unseren Verhaltensweisen und Handlungen.

Das digitale Effizienz- und Optimierungsfieber der letzten zwei Jahrzehnte habe dieses gesellschaftliche Problem noch verschlimmert. Um das stete diffuse Gefühl von Nicht-Genügen zu betäuben, würde man die wildesten Sachen anstellen und konsumieren.

«Wer die Menschheit daraus erretten will, muss sich nachhaltig und professionell um dieses negative kollektive Grundgefühl kümmern», so das INA.

Das Institut sei bestrebt, den Bewusstseins-Trend auf eine neue Art von Erwachsen-Sein auszuweiten. New Adulthood bedeute für sie, dass man lerne, Verantwortung für das eigene Gefühl von Ungenügen zu übernehmen, um es nicht achtlos zu kompensieren und dabei Menschen und Ressourcen zu verheizen.

Die Studie traf den Nerv der Zeit. Das Fieber dieser neuen Idee breitete sich schnell aus, und schon 2037 kam es zu internationalen Protesten.

Zeitgeist-Teilnehmer auf der ganzen Welt demonstrierten analog und digital dagegen, dass die großen Konzerne mit ihren Werbeversprechen zu gerne ihre Finger in die kollektive Wunde des Ungenügens legten und damit viel Geld verdienten.

Auf den Protest-Plakaten stand unter anderem: «Nein, ich will *kein* neues Deo für meine Selbstliebe!»

In der Ära der Aufklärung 2.0 dachte man, dass die Grundvoraussetzung für Selbstliebe das Finden des ureigenen Spirits war – und zwar jenseits der Verbesserungs-Erwartung von Eltern, Schule, Partner, Job, Wirtschaft, Politik und Zeitgeist.

Diese Idee vom Spirit wurde zum obersten Zeitgeist-Gebot, und um ihn zu finden, wurden zunehmend höhere Mächte angerufen. Das Versprechen der «Transzendenz» zog immer weitere Kreise in den unterschiedlichen Lebensbereichen. In der Gesellschaft vollzog sich zunehmend eine Art Re-Spiritualisierung auf Zeitgeist-Ebene. Der Kontakt zu Transzendentem gehörte mehr und mehr zum Status.

Jeder Mensch, jedes Produkt und jedes Unternehmen brauchte demzufolge den richtigen Spirit, um Vertrauen zu gewinnen und erfolgreich zu sein: Das Berufsbild des «Spirit-Finder» war geboren.

Hierbei handelte es sich meist um Angehörige der neuen Bewusstseins-Elite, die nun den unterschiedlichsten Unternehmungen ein «höheres Gefühl» einhauchen sollten.

Berühmt wurde die Truppe «Spiritual Intelligence»: Einst gehörten sie zu den neuen Bewusstseins-Wilden, jetzt waren sie wahre Meister darin, neuen Hotels, Produkten und Führungspersonen eine unwiderstehliche Zeitgeist-Aura zu verleihen.

Die Re-Spiritualisierung auf Zeitgeist-Ebene brachte auch die christlichen Kirchen auf den Plan. Im Zuge der Aufklärung

2.0 gründeten sie eine Arbeitsgruppe mit dem Namen «Zeitgeist und Heiliger Geist».

Bei so viel Spirit ergaben sich neue Chancen für die traditionellen Hüter der Transzendenz.

Man erkannte, dass der Zeitgeist günstig war, um sich wieder in Position zu bringen, ohne dabei seine Kernwerte verändern zu müssen.

Die Botschaft: «Gott liebt dich so, wie du bist», traf nicht nur den Nerv der Zeit, sondern schien, wenn es darum ging, einen stabilen Kompass für den eigenen Weg zu finden, gegenüber allen anderen Angeboten des Zeitgeists konkurrenzlos.

Dass es eine zeitlose höhere Instanz geben sollte, die sie so liebte, wie sie waren, war für diese Zeitgeist-Generation eine Sensation. Die Teilnehmer waren schließlich im säkularisierten Zeitgeist der Selbstoptimierung groß geworden. Gottes-Liebe als bedingungslose Liebe – so hatten sie das noch nie wahrgenommen.

Beseelt von diesen Erfolgsaussichten, beschloss die Arbeitsgruppe «Zeitgeist und Heiliger Geist», in Zukunft diese Gottesbotschaft mehr zu betonen.

Um den Aspekt des Bedingungslosen hervorzuheben, wurde das kirchliche Regelwerk mit weniger Strenge eingefordert.

Die Zeitgeist-Teilnehmer fühlten sich nämlich von der zusätzlichen Belastung, alle Gebote der Kirchen einhalten zu müssen, mehrheitlich überfordert. Außerdem ermittelte man, dass viele der christlichen Norm- und Moralvorstellungen eine Aufforderung zur Selbst-Ablehnung darstellten, was das herrschende Ideal der absoluten Selbst-Liebe konterkarierte.

Die Zeitgeist-Teilnehmer suchten ja gerade nach Entlastung von dem Gefühl des Ungenügens.

Man beschloss, den Zeitgeist-Teilnehmer in Zukunft besser in seiner Welt-Zeit abzuholen und dabei sensibler auf seine gegenwärtigen Nöte einzugehen.

Die Zeit konnte wirklich kaum günstiger sein. Der Zeitgeist lieferte ihnen so viele Chancen, die neue emotionale DNA der Gesellschaft für ihre Themen zu nutzen.

Im Zeitalter der Aufklärung 2.0 entwickelte sich die Liebe zur obersten Tugend in allen Lebensbereichen.

Man feierte alles, was vermeintlich «mehr Liebe» brachte. Wo die Liebe dabei genau herkam, war egal. Hauptsache, sie kam.

Die Gesellschaft hatte einen neuen Filter, mit dem sie jede Beziehung, jedes Unternehmen, jedes Produkt und jedes Konzept abscannte: «Ist da auch genug Liebe drin?»

Ob eine Familie gut oder schlecht funktionierte, wurde eine Frage des «Love Managements». War dieses in Ordnung, war die Form egal. Patchwork, eingetragene Lebensgemeinschaft oder Leihmütter – alles wurde akzeptiert, solange das Love Management, der Spirit, stimmte. Denn das galt als Grundvoraussetzung, um schon in der Wiege die Selbstliebe kennenzulernen. Denn ohne Selbstliebe: kein gelungenes Leben.

Politik und Unternehmensberatungen schwenkten um auf Love Management als wichtigste Voraussetzung für erfolgreiche Unternehmenskultur, gesunde Wirtschaft und Gesellschaft.

Man versuchte, das Konzept auch auf die Finanzbranche anzuwenden. Allerdings dauerte das länger als gedacht, was circa drei Jahre später in dem Buch «Geld verliebt sich langsam» von einem führenden Politik- und Finanz-Experten analysiert wurde.

Andernorts wurde das Maß an Selbstliebe zum Kriterium für Arbeitsplätze und Partnerwahl. Je geringer das Gefühl vom eigenen Ungenügen, desto weniger negative Übertragungen auf Kollegen und Partner – so das Versprechen.

Bei den erfolgreichsten Partnervermittlungs-Agenturen wurde der Selbstliebe-Quotient sogar TÜV-geprüft.

Und die Krankenkassen erwarteten satte Überschüsse, dank einem Rückgang von psychosomatischen Krankheiten.

Die neuen Kindergarten-Konzepte hatten natürlich als pädagogisches Ziel die Förderung der Selbstliebe im Sinn. Ein Kindergarten hieß «Little Love Spa».

In der Schule wurden Metaphysik und Quantenphysik zu neuen Hauptfächern. Für den zukünftigen Markt brauchte man eine hoch entwickelte, intuitive, assoziative und implizite Denkleistung. Das war der Stoff, aus dem zukünftige Zeitgeist-Gewinner hervorgehen sollten. Nicht nur Wissen, sondern auch Spirit machten nun einen guten Schüler aus. Schließlich wollte man an den Status der neuen Bewusstseins-Elite anknüpfen.

Doch auch dieser Zeitgeist gab genug Raum für Verurteilungen, wenn einer es mit den aktuellen Vorstellungen von Liebe und Transzendenz nicht immer ganz genau nahm.

Leider gab es immer wieder Kinder, die mit Transzendenz so gar nichts anfangen konnten. Viele wurden zu Sorgenkindern von Eltern und Lehrern: Was sollte nur aus ihnen werden?

Auch in so einem vermeintlichen Kuschel-Zeitgeist konnte man danebenliegen und aus der ganzen Anerkennungs-Struktur hinausfallen.

Und genau wie in den vorherigen Zeitaltern steckten die meisten Zeitgeist-Teilnehmer unbewusst so tief drin, dass sie gar nicht merkten, dass sie dem neuen Zeitgeist genauso verfallen waren wie jedem anderen Zeitgeist zuvor. Auch hier opferten viele bereitwillig sich und ihre Liebsten, um alles «richtig» zu machen.

Im Jahre 2039 wurde *Love Inc.* zum Global Player. Die Aktiengesellschaft hatte es sich zum Ziel gemacht, Spirit-Produkte und Spirit-Services anzubieten, die das Liebes-Thema in allen Lebensbereichen der Zeitgeist-Teilnehmer verbessern würden.

So mancher Zeitgeist-Teilnehmer hoffte fünf Jahre später unbewusst auf die nächste Zeitgeist-Welle, die endlich eine Entlastung vom allgemeinen Liebes-Terror bringen würde.

Anders erging es dagegen den mündigen Zeitgeist-Teilnehmern. Sie hatten die Gunst der Stunde genutzt und sich durch Bewusstheit und Selbstliebe in Zeitgeist-Bewusstsein geübt. Jetzt harrten sie gelassen der unterschiedlichen Zeitgeist-Wellen, die in Zukunft auf sie zurollen würden, und machten derweil ihr Ding.

«Noch nie in der Geschichte der Menschheit hatte eine Gesellschaft so lange ohne verbindlich-metaphysisches Konzept ihr Leben bestritten wie in den Jahren des Lifestyles der letzten Jahrzehnte.»

Schlusswort

Jetzt wissen Sie, wie das geht mit dem Zeitgeist-Bewusstsein.

Hüten Sie sich vor Vorverurteilungen und Allgemeinplätzen. Seien Sie achtsam mit Ihren Meinungen, Erwartungen und Projektionen und denen anderer Zeitgeist-Teilnehmer.

Lassen Sie sich nicht erzählen, dass der gegenwärtige Zeitgeist eine narzisstische Entgleisung von nie gesehenem historischem Ausmaß ist und der Untergang naht.

Die historische Chance ist, dass wir noch nie die Möglichkeit hatten, unsere Eigenwahrnehmung und Selbsterkenntnis so intensiv zu schulen und ihr zu vertrauen, wie in der heutigen Zeit.

Ich empfehle Ihnen, diese Kulturleistung, diesen Zeitgeist für sich zu entdecken, denn «Meine Zeit, der Geist und Ich» ist eine spannungsgeladene Angelegenheit.

Sie haben gerade die beste Chance, in Ihrer «Ich-Zeit versus Welt-Zeit»-Spannung mündig zu werden.

Und wenn Sie mal wieder auf Zeitgeist-Ebene alles richtig gemacht haben, es sich aber trotzdem nicht richtig anfühlt und Sie plötzlich unbändige Lust auf Eiscreme und Sahnesauce bekommen, dann tröstet Sie vielleicht Folgendes:

Ein wunderbarer Sozialanthropologe fragte mich einmal, ob ich denn eigentlich das geheime Meta-Konzept von Eiscreme und Sahnesauce kenne?

Ich wusste nur, dass sie gut schmecken, gegenwärtig nicht als gesund galten und für die Unsterblichkeit nicht gerade förderlich waren, aber ihr Geheimnis kannte ich nicht.

Er zwinkerte mir zu und meinte: «‹Sahnig und cremig› vermittelt uns ein Gefühl von bedingungsloser Liebe.»

Möge Ihr Leben gelingen.

«... aber die Liebe
ist die größte unter ihnen.»
1. Korinther 13,13

Glossar

A

Achtsamkeit: (Engl. mindfulness) kann als Form der Aufmerksamkeit im Zusammenhang mit einem besonderen
Bewusstseins- und Wahrnehmungszustand verstanden
werden, als Persönlichkeitseigenschaft sowie als Methode
zur Verminderung von Leiden (im weitesten Sinne). Historisch betrachtet ist das Thema «Achtsamkeit» vor allem
in der buddhistischen Lehre und Meditationspraxis zu finden. In der westlichen Welt ist das Üben von «Achtsamkeit»
insbesondere durch den Einsatz in diversen Psychothera-
pie-Methoden bekannt geworden.

Avantgarde: Gruppe von Vorkämpfern einer geistigen Entwicklung

Awakening Intelligence: Vgl. das Buch «The Awakening of Intelligence» von Jiddu Krishnamurti. («Krishnamurtis Lehre
geht von der Möglichkeit vollständiger ‹geistiger› Freiheit
aus, indem durch aufmerksame Beobachtung des eigenen
Geistes und seiner Reaktionen in dem Moment, in dem
diese geschehen, seine ‹Natur› erkannt wird.» (Wikipedia))
Das Konzept von der «erwachenden Intelligenz» basiert auf
dem Gedanken, dass Intelligenz im Gegensatz zu Intellekt
nicht antrainiert werden muss, sondern in jedem Organis-

mus bereits angelegt ist und zur Entfaltung gebracht werden kann.

B

Big Data: Begrifflichkeit, die der Tatsache Tribut zollt, dass die weltweit erzeugten Datenmengen riesig sind und einer Datenflut gleichkommen. Auswertung und Analyse der riesigen Datenmengen können zum Beispiel dafür benutzt werden, um Verbraucher-Entscheidungen nachzuvollziehen und vorherzusagen.

Brand-Management: Aufbau und Weiterentwicklung einer Marke.

Brand-ManagerIn: Die Person in einer Firma, die für die Entwicklung und Vermarktung einer bestimmten Marke oder Produktgruppe verantwortlich ist.

C

Consumer Insights: Wissen über Verbraucherverhalten, über Bedürfnisse, Gewohnheiten, Einstellungen, Motive und Erwartungen. Bietet wichtige Entscheidungshilfen für die Entwicklung und Überarbeitung von Marketingkonzeptionen und -strategien.

CrossFit: Fitness-Trainingsmethode und Wettkampfsport, der von dem gleichnamigen US-amerikanischen Unternehmen vertrieben wird und Sprinten, Gewichtheben, Eigengewichtsübungen sowie Turnen miteinander verbindet. Ausdauer, Beweglichkeit, Kraft, Schnelligkeit, Balance, Geschicklichkeit, Koordination und Genauigkeit sollen zunehmen.

D

Digital Detox: Online-Entgiftung, digitales Entschlacken. Zeitlich limitierter Verzicht auf elektronische Geräte wie Smartphones, Tablets oder Computer mit dem Ziel, sich bewusst einer stetigen Vernetzung und Erreichbarkeit zu entziehen, um damit Stress zu reduzieren und wieder mehr mit der Offline-Welt (der physischen Umwelt) zu interagieren.

Digital Native: «Digitaler Ureinwohner», eine Person der Generation, die in der digitalen Welt aufgewachsen ist. Vgl. den Begriff «Digital Immigrant»: Der «digitale Einwanderer» ist jemand, der diese Welt erst im Erwachsenenalter kennengelernt hat.

Disruptive Technologie: Vom Englischen «to disrupt» = unterbrechen: Eine Innovation, die eine vorhandene Technologie, ein vorhandenes Produkt oder eine vorhandene Dienstleistung verdrängt.

E

Erfüllungsgehilfe: Person, die einer anderen beim Erreichen ihrer Ziele zu Diensten ist.

Exoskelett: Aus der Biologie stammender Begriff, der das den Körper umschließende Skelett bei Wirbellosen und Wirbeltieren meint. Künstliche Exoskelette kommen dagegen als stützende Orthesen in der Medizin zum Einsatz. Seit einigen Jahren gibt es sie auch als am Körper tragbare Roboter oder Maschinen, die die Bewegungen des Trägers unterstützen und/oder verstärken.

G

G8, G9: Die Abkürzungen «G8» und «G9» stehen für die zeitliche Organisation der gymnasialen Schulzeit in Deutschland von insgesamt 8 oder 9 Jahren. G8 bedeutet, dass die Mittelstufe in insgesamt fünf Schuljahren organisiert wird. G9 bedeutet, dass die Mittelstufe in sechs Schuljahren absolviert wird. In beiden Fällen folgen drei Jahre Oberstufe.

Ganzheitlichkeit: Betrachtung einer Sache in der Vollständigkeit aller Teile sowie in der Gesamtheit ihrer Eigenschaften und Beziehungen untereinander.

Generation X: Generation der «Baby-Boomer» (1960er bis 1980er Jahre).

Generation Y: Generation, die im Zeitraum von 1980 bis 2000 geboren wurde. Der Buchstabe Y – englisch als *why* (= warum) ausgesprochen – verweist auf das charakteristische Hinterfragen der Generation Y.

Generation Z: Generation der Geburtsjahre 1995 bis 2010.

H

Hacking: Eigentlich: durch geschicktes Ausprobieren und Anwenden verschiedener Computerprogramme mithilfe eines Rechners unberechtigt in andere Computersysteme eindringen. Im weiteren Sinne: ein Produkt zweckentfremden und so eine neue Verwendungsmöglichkeit erschließen.

Hipster: Zu einer (urbanen) Subkultur gehörender junger Mensch mit ausgefallener, nicht der aktuellen Mode entsprechender Kleidung und extravagantem, individualistischem Lebensstil.

Hygge: Gemütlichkeit, Heimeligkeit als Lebensprinzip (in Skandinavien).

I

Ich-AG: Von einer Person gegründetes kleines Unternehmen, das befristet staatliche Zuschüsse bekommt.

K

Kulturwissenschaft: Erforschung der materiellen und symbolischen Dimensionen von Kulturen. In Deutschland wird, je nach Institutionalisierung, stärker empirisch (Ethnologie, Volkskunde) oder aber historisch (Kulturwissenschaft, Kulturgeschichte, Medienkultur etc.) gelehrt.

L

Lifestyle: Lebensstil; charakteristische Art und Weise, das Leben zu gestalten. Lifestyle wird anhand bestimmter Konsumartikel, Verhaltensweisen und Einstellungen von sich einander zugehörig fühlenden Personenkreisen ausgedrückt.

Likes: Positive Rückmeldungen zu einer Nachricht in einem Sozialen Netzwerk mit der Bedeutung: «Das gefällt mir!»

Look and Feel: Begrifflichkeit, die eingesetzt wird, um den bei erstmaliger Betrachtung entstehenden Wahrnehmungseindruck beim Kunden zu beschreiben. Dieser erste Eindruck bestimmt, ob ein Konsument den Entschluss fasst, sich näher mit den dargestellten Inhalten zu befassen oder nicht, und ist somit maßgeblich für den Erfolg einer jeden Marketing-Strategie.

M

Matrix: Im weitesten Sinne: Schema, Gewebe, System, Struktur, Muster.

Meta-Idee: Die Vorsilbe «Meta-» drückt in Verbindung mit Substantiven aus, dass sich etwas auf einer höheren Stufe bzw. Ebene befindet. Meta-Ideen sind demnach übergeordnete Ideen.

Meta-Konzept: Übergeordnetes Gedankengerüst, Programm, Ideal.

Metrosexualität: Aus «metropolitan» und «heterosexual» zusammengesetzter Begriff, bezeichnet keine Sexualpräferenz, sondern einen extravaganten Lebensstil heterosexueller Männer, die keinen Wert auf Kategorisierung in ein maskulines Rollenbild legen.

Mindset: Im allgemeinen Sinne eine Lebensphilosophie.

Motion-Design: Die audiovisuelle Gestaltung von Bewegtbild durch Typografie und Grafik-Design.

N

New Economy: Umstieg von einer Wirtschaftsweise, die auf Warenproduktion ausgerichtet ist, auf eine, die auf Dienstleistungen, insbesondere webbasierte Dienste, ausgerichtet ist.

P

Pansexualität: Sexuelle Orientierung, bei der Personen in ihrem Begehren keine Auswahl nach Geschlecht bzw. Geschlechtsidentität treffen. Ein pansexueller Mensch kann für Menschen aller Geschlechtsidentitäten sexuelle oder romantische Gefühle empfinden. Im Vergleich dazu beziehen sich bisexuelle Menschen nur auf zwei Geschlechter.

Popkultur: Durch den Pop (Gesamtheit von Popkunst, Popmusik, Popliteratur usw.) geschaffene bzw. davon ausgehende Kultur.

Popper: Jugendlicher, der sich durch gepflegtes Äußeres und modische Kleidung bewusst von einem Punker abheben will.

Posten: Einen Beitrag (einen «Post») in einer Newsgroup oder in einem Forum im Internet veröffentlichen.

S

Selbst-Konzept: Vorstellung vom eigenen Selbst.

Selbstwirksamkeit: Das Vertrauen in die eigenen Fähigkeiten und das Recht, seine persönlichen Ziele zu erreichen.

Silicon Valley: Zentrum der amerikanischen Elektronik- und Computerbranche bei San Francisco.

Small Data: Von Martin Lindstrom geprägter Begriff: Statt große Datenmengen (Big Data) auszuwerten, um Kundenwünsche zu erkennen, wird auf die gezielte Beobachtung von kleinen Alltags-Phänomenen der Kunden gesetzt, um den teils unbewussten Themen und Bedürfnissen auf die Spur zu kommen, welche sie wirklich umtreiben.

Smart Home: Oberbegriff für technische Verfahren und Systeme in Wohnungen und Häusern, in deren Mittelpunkt eine Erhöhung von Wohn- und Lebensqualität steht, sowie der Wunsch nach Sicherheit und effizienter Energienutzung auf Basis vernetzter und fernsteuerbarer Geräte und Installationen sowie automatisierbarer Abläufe.

Social Media: Digitale Medien und Technologien, die es Nutzern ermöglichen, sich untereinander auszutauschen und mediale Inhalte einzeln oder in Gemeinschaft zu erstellen.

Start-up-CEO: Geschäftsführer (**C**hief **E**xecutive **O**fficer) eines jungen und speziell kleinen Unternehmens.

Storytelling: Erzählmethode, mit der Wissen in Form einer Metapher weitergegeben und durch Zuhören aufgenommen wird. Die Zuhörer werden in die erzählte Geschichte eingebunden, damit sie den Gehalt der Geschichte leichter verstehen und eigenständig mitdenken. Das soll bewirken, dass das zu vermittelnde Wissen besser verstanden und angenommen wird.

Superfood: Marketingbegriff, der Lebensmittel mit vermeintlichen Gesundheitsvorteilen beschreibt.

T

Tamagotchi: Ein Elektronikspielzeug aus Japan, das in der zweiten Hälfte der 1990er Jahre weltweit populär war und im Jahr 2004 neu aufgelegt wurde. Das virtuelle Küken muss vom Zeitpunkt des «Schlüpfens» an wie ein echtes Haustier umsorgt werden.

Transhumanismus: Richtung der Philosophie, deren Anhänger das dem Menschen Mögliche erweitern wollen, indem neue Technologien eingesetzt werden.

Tinder: App, die das Ziel hat, Benutzern das Kennenlernen von Menschen in der näheren Umgebung zu erleichtern.

Transzendent: Philosophie: Die Grenzen der Erfahrung und der sinnlich erkennbaren Welt überschreitend; übersinnlich, übernatürlich.

U

Überhang: Die über ein bestimmtes Maß (zum Beispiel die augenblickliche Nachfrage) hinausgehende Menge von etwas.

Z

Zeitgeist: Für eine bestimmte geschichtliche Zeit charakteristische allgemeine Gesinnung, geistige Haltung.

Zeitgeist-Dynamik von Mangel und Begehren: Sobald ein Zeitgeist zu lange vorherrscht, bilden sich aufgrund seiner Einseitigkeit Mangel-Gefühle bei den Zeitgeist-Teilnehmern, und sie begehren etwas Neues. Dieses Begehren ist meist unbewusst und setzt die Zeitgeist-Dynamik wieder in Gang, welche sich ausdrückt anhand entsprechender neuer Trends, Geisteshaltungen, Ideen, Produkte, Services etc. Auf diese Art kann es zu einer spontanen Selbstorganisation von Kultur und Gesellschaft kommen.

Danksagung

Großer Dank gebührt meinem Verleger Dominik Klenk, der mich zu diesem Buch ermutigt und meinem Thema nachhaltiges Vertrauen geschenkt hat.

Ich danke dem Lektoren-Team vom Fontis-Verlag, das mich bei dem Prozess, aus einem wilden Manuskript ein fertiges Buch zu machen, großartig unterstützt hat. Mein besonderer Dank gilt Anne Helke, die sich unermüdlich und mit hellsichtigen Anmerkungen um unzählige Details und das Gelingen des Buches kümmerte.

Speziell danken möchte ich meinem wundervollen Drift-Partner und Lebensgefährten Eckehard Forberich. Sein heldenhafter Einsatz, besonders in der Schlussphase, war von unschätzbarem Wert für die Qualität des Buches, für meine Kraft und für meine Zuversicht.

Für die vielen großartigen Geschichten aus den Nischen des Wandels danke ich meinem «Mr. Zeitgeist» Sven Sudeck als wunderbarer Quelle der Inspiration, und ich danke ihm für unsere geliebte Tochter.

Großer Dank geht an meine ganze Familie und Redisa, die mir mit enormem Einsatz während der Schaffenszeit den Rücken freigehalten haben.

Ich danke ganz besonders meiner Mutter und meinem Vater für ihre unermüdliche Unterstützung und liebevolle Ermutigung – schon mein ganzes Leben lang.

An dieser Stelle möchte ich auch all meinen Lebensmenschen danken, denen ich begegnen durfte und die alle dazu beigetragen haben, dass ich dieses Buch mit Substanz, Perspektiven und Liebe füllen konnte.